为·师·授·业·丛·书

为师篇：为师之道

上

高峰◎编著

中国出版集团
现代出版社

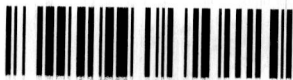

图书在版编目(CIP)数据

为师篇：为师之道(上) / 高峰编著. —北京：现代出版社，2014.3

ISBN 978-7-5143-2156-2

Ⅰ. ①为… Ⅱ. ①高… Ⅲ. ①为师之道-通俗读物 ②为师之道-通俗读物 Ⅳ. ①I-49

中国版本图书馆 CIP 数据核字(2014)第008510号

作　　者 高　峰
责任编辑 王敬一
出版发行 现代出版社
通讯地址 北京市安定门外安华里 504 号
邮政编码 100011
电　　话 010－64267325 64245264(传真)
网　　址 www.1980xd.com
电子邮箱 xiandai@cnpitc.com.cn
印　　刷 唐山富达印务有限公司
开　　本 710mm×1000mm 1/16
印　　张 16
版　　次 2014 年 4 月第 1 版 2023 年 5 月第 3 次印刷
书　　号 ISBN 978-7-5143-2156-2
定　　价 76.00 元(上下册)

目 录

第一章 谈新时期的人生观教育

第一节 一个向新的有序转型的时代 …… 1
第二节 与时代同步的人生观教育 …… 5
第三节 新旧观念之间的撞击与整合 …… 9
第四节 人的思想和行为的总开关 …… 13
第五节 从爱因斯坦语惊四座的高论谈起 …… 17
第六节 赋予传统方法以新的活力 …… 22
第七节 须唱新歌杨柳枝 …… 25

第二章 心理学育人

第一节 运用心理科学理论育人 …… 30
第二节 我们并不是第一个吃螃蟹的人 …… 33
第三节 从第五产业的兴起谈心理素质 …… 37
第四节 学校开展心理指导的思路 …… 40
第五节 可供借鉴的心理科学理论 …… 44
第六节 心理健康的标准及其培养途径 …… 48

第七节　心理指导的基本原则 …… 52
第八节　心理指导的具体任务 …… 56
第九节　中学生主要心理障碍及其消除方法 …… 60
第十节　做中学生的“心灵美容师” …… 63

第三章　教　学

第一节　教材的智力价值 …… 67
第二节　思维锻炼与“奥林匹斯科学院”的启示 …… 69
第三节　两个原则——鼓励与因材施教 …… 75
第四节　改进评分方法与提倡在教学中渗透方法 …… 80

第四章　师　德

第一节　迈向新世纪教育承重任 …… 83
第二节　兴教育人责在人师 …… 87
第三节　教师道德育人之本 …… 94
第四节　职业道德与教师道德 …… 101
第五节　贯彻方针　遵纪守法 …… 106
第六节　依法治教　依法执教 …… 111
第七节　学高为师　德高是范 …… 116

第一章　谈新时期的人生观教育

何谓新时期？从历史发展的角度看，任何一个历史时期相对于过去来说，都是“新”的，但各个时代的“新”的内涵是不同的。今天我们要研究的新时期，要从世界政治、经济、文化的最新走向来认识，要以我国改革开放所带来的中国社会的各种变化为依据。就人生观教育来说，还要从教育所面对的新的具体环境、青年身心新的特点方面做进一步的探讨、阐述。也就是说，人生观教育要研究的新时期，包括“新”的世界，“新”的中国，“新”的教育，“新”的学生。这一个个“新”，都是开展人生观教育的参照物，都是不断调整人生观教育的客观依据。认识新时期，跟上新时代，掌握青少年的新特点，是开展新时期人生观教育的前提条件与基本要求。

第一节　一个向新的有序转型的时代

对青少年开展人生观教育。首先要弄清楚两个问题：一是人生观教育所面临的社会大环境的特点，二是受时代影响的青少年的特点。研究青少年人生观的特点，对教育者来说，就是要对时代环境有一个清醒的认识，使人生观教育的“脉搏”与时代的“脉搏”一起跳动，这样才能有效地发挥人生观教育的社会效用。研究生活在新时期青少年的特点，对德育工作来说，就是要掌握教育对象的“内部世界”与“外部世界”，使教育能够有的放矢，因材施教。解决了这两个问题，对青少年的人生观教育也就有了基本的立足点。

一、竞争的世界与开放的中国

当今的世界，犹如一首歌唱的那样：“外面的世界很精彩，外面的世界很无奈”。经济竞争激烈，政治斗争频繁，思想文化变化迅速。整个世界被现代化潮流所冲击，被新技术革命所推动。人类文明的发展达到了这样的水平：把地球变“小”了——世界上每个角落发生的热点问题，都会以每秒 30 万公里的速度传遍全球。社会的发展又使竞争范围扩大了——从沙漠到海洋，从陆地到空间，发达国家与发达国家之间，发展中国家与发展中国家之间，发展中国家与发达国家之间，都存在着竞争；国家在竞争，团体在竞争，人与人在竞争，为经济竞争，为科技竞争，为人才竞争，为利益竞争，为生存竞争。在这样一个时代，社会运行机制将会有怎样快捷的调整，人们的思想观念将会发生怎样的变化，是可想而之的。这是一个从政治到经济，从思想到文化都在转型的时代。

中国经过了若干年的梦境，今天开始清醒了。拿破仑曾说，中国是一头睡着的雄狮，千万不要吵醒它。但中国如果再不醒来，那很可能被人家吞食了。中国现在也需要社会转型，说到底，就是要为自己的生存而斗争。中国摆出的是一个参与世界范围竞争的姿态，敞开胸怀，吸收人类一切文明成果；坚定信心树立了赶超发达国家的目标。中国所处的时代，是一个改革开放的时代。日中经贸中心会长木村说："希望中国能按照它的构想顺利地实现软着陆，在中国现代史上留下光辉灿烂的一页，并为世界做出贡献。"按照这位先生的观点，"中国终将成为无限接近资本主义的社会主义"（摘自日本《财界》杂志，1992 年 4 月 14 日，第一期）。按照我们的说法，就是要建设成有中国特色的社会主义。社会学家们认为，中国现在正处在一个社会变革迅速的时期，要完成这个时期的使命，需要重新认识一切，重新组合一切。用这个思路认识教育，认识人生观教育，结论只能是：要适应社会的发展，跟上改革的时代。教育要面对世界的大环境、中国的大趋势立意立足；人生观教育要从这一大社会背景出发，探求新的教育思路与立足之点。

二、生活环境与青少年的特点

对青少年进行人生观教育，要研究的另一个问题就是他们在成长发育过程中，在个性社会化的过渡中，时代在他们身上的烙印，也就是要研究受生活环境影响的青少年的身心特点。教育的功能是为社会育人，如果不把教育对象的具体生活环境摸清楚，不把他们的身心特点摸准确，就难以完成育人任务，就犹如盲人骑瞎马，难识庐山真面目，也好像缺少材料的建筑师，盖不出好房子。因此，认真研究当代青少年在所处的具体生活环境中表现出的思想特点，是每个教师应该履行的工作职责。目前青少年所处的具体生活环境，可谓发展变化迅速，经济、文化生活热点纷纷：股票热、债券热、经商热、房地产热……热点纷呈，浪起潮涌。日益开放、活跃的经济文化生活必将影响到社会的每个方面，对青少年的价值观、生活观、理想、追求等也必将产生很大的影响，或积极，或消极。在社会生活环境的影响下，青少年也表现出了自己的追求热点：卡拉 OK 热、影视歌星热、文化衫热、消费热、文化补习热、学习实用技术热……各种各样的表现形式反映出了青少年思想的变化，为研究当代青少年的思想特点提供了丰富的材料。

当代青少年受社会发展及具体生活环境的影响，其思想行为既具有过去年代青少年的共同点，又有所不同。当代青少年在各种信息的影响下，他们敢于思考，敢于提出问题，但缺乏分析、判断和选择的能力，容易接受各种错误思想的影响和社会上的“灰尘”污染，容易形成思想偏见——这是他们思想方面的特点。变化发展迅速的时代，促使青少年认识能力不断提高，他们视野开阔，信息增多，交流快，知识广，但他们获得的各种知识还不系统，课外知识零碎、多变，知识面相对又比较狭窄，尤其是对祖国的昨天和前天了解很不够，认识不深——这是他们在知识结构上的特点。当代青少年好胜、逞强、上进、求新、勇于创造、敢于改革，但耐挫力与承受力差，行为调节与控制能力严重不足，心理问题增多，但心理自我认识缺乏，缺少应变能力——这是他们心理上的特点。现在的青少年，大多是独生子女，他们在家庭中享有特殊地位，受到了父母特殊的关怀与照顾，使他们的身体成长快、成熟早，要比以往青少年提前一二年进入成熟期，他们的生活需求和欲望扩大了，在异性交往中出现了早熟现象，发生的问题较之以前的青少年要多——这是他们生理上的特点。

这就是生活在新时期的青少年，这就是烙印上了时代特点的中学生。新时期的德育工作，要从上述基本情况出发，调整我们的系统教育。新时期的人生观教育，要立足于这些基本情况，确定教育的着手点和落脚点。

总之，世界的变化、中国的改革、社会的发展、青少年的特点影响着教育，制约着教育，也呼唤着教育。作为上层建筑的教育工作，要适应各方面的需要培养人才。作为教育工作不可缺少的内容——人生观教育，要把一只脚放到这一新的社会转型的时代中，把另一只脚放在具有时代特征的青少年的身心特点上，站稳两只脚，支撑起人生观教育的大厦。

第二节　与时代同步的人生观教育

我国经济改革的大潮，冲击着社会的每一个角落。商品经济的迅速发展，给社会的政治、经济、思想、文化提出了许多新的问题。这些问题都需要人们认识、研究、解决。青少年的人生观教育问题也同样面临着时代的检验。面对咄咄逼人的发展形势，面对正在形成人生观、选择人生之路的青少年，教育工作者应该怎样适应改革开放的需要，适应青少年成长进步的需要，引导他们走好人生之路，这确实是一个急需要解决的重要问题。

现在的青少年，是跨世纪的一代。他们不仅在20世纪里学习、工作，还将在21世纪大显身手。在他们风华正茂的岁月里，在生命火花最明亮、最炽热的二三十年里，也正是我国经济发展战略从第二步迈向第三步，即使人民生活达到小康水平、向中等发达国家发展的关键时期。他们该怎样完成历史赋予的光荣而艰巨的使命，该怎样把握住自己的机遇，这个教育指导的责任就落在了教育者的身上了。发挥他们的主观能动性、实现人生价值的问题就摆在了人生观的教育面前。作为人类灵魂的工程师，应该对新时期人生观教育的重要意义有一个深刻而正确的认识。

一、人学与人生观教育的意义

新的时期，要开展适合新的社会要求的人生观教育，这是不言而喻的。但应该怎样从新的角度认识人生观教育的意义，目前这方面的研究有些不够了。人生观教育并不是我国的专利，一些发达国家也同样非常重视研究开发人生观教育。不过，他们是从一个学科化的角度来研究的，他们更注重的是个体人生观潜能的开发研究。这种研究对我们从一个新的角度认识人生观教育的社会意义是有一定启发作用的。

一些发达国家现在把人的研究与开发列入了科学研究的内容，有专项资金保证。这样，一门新兴学科——人学诞生了。这些国家推动社会现代化的基本思路是：在高度领先的科学技术水平上推进经济，在人学理论指导下发掘人的全部智慧。我们可以从现代社会的发展看到这样一种趋势：在全方位开发人的基础上发展科学技术，推动社会进步。这种全方位开发人，就是一门新兴学科——人学所要解决的问题。

人学，是以人为研究对象的一门综合学科。它要解决的是人的社会适应、价值取向的指导、心理素质的培养、敬业精神的树立、左右脑智能开发、体能锻炼等诸方面现代社会的问题。以人为科学研究对象的这门新学科，运用了许多学科，有人类学、心理学、教育学、伦理学、人类工程学、价值论、性格分析等等。它也运用了多种方法来研究，有老三论（系统论、信息论、控制论）和新三论（耗散结构论、协同论、突变论）等。如果从人学角度看人生观教育的意义，可以看出，人学要解决的诸如人的价值取向、人的潜能开发、进取精神、社会适应等问题也是人生观教育的内容。我们完全可以把人生观教育看作是培养现代人才不可缺少的内容。

我国目前正处在一个发展经济急需各类人才的时代，从开发人的各方面的潜能看，人生观教育是有着积极的作用的。为了能培养出现代化建设所需要的合格人才，为了全面提高我国劳动者的素质，我们应该发挥人生观教育的作用，认识它的深远意义——人生观教育是具有现代意义的素质工程中的一个重要项目。

二、青少年的成长与人生观教育

从青少年的成长需要看，人生观教育同样有着很重要的意义。爱因斯坦曾说："我们一来到世间，社会就在我们面前树起了一个巨大的问号：你怎样渡过自己的一生？"青少年思想上最迫切也是最需要解决的问题就是做什么样的人，选择什么样的人生道路的问题。这是中学生，特别是高中学生思想上最普遍、最基本的矛盾。中学生的年龄在十三四岁到十七八岁之间，这是一个人的人生观形成的基础阶段。学生从小学升入中学，自我意识显著增强，生活向他们提出了一系列必须要回答的问题，如离队后要不要入团？要不要努力争取当个优秀生？要不要考大学？要，是为了什么？不要，又该怎么办？每一个中学生都必须对这些问题做出自己的回答，这是中学生探讨人生道路的开始。在青少年划出人生问号的时候，通过人生观教育，使学生形成正确的政治方向，选择正确的人生道路，树立正确的人生价值标准，引导并帮助青少年回答走好人生之路的问题，这是有着重要意义的。

对青少年来说，要领略人生真谛，独立回答一些必须回答的人生问题，还是一件很难的事情。他们一般还不具备独立回答这些问题的能力，而参与指导他们回答的，有家庭的父母兄长，学校的教师同学，更有社会现实生活各方面的影响，包括书藉报刊、文艺宣传、社会风气舆论等等。这些各式各样的指导意见，并不是都指向同一条人生道路的，也并不都是健康向上的。比如，就青少年的生活环境看，改革开放给经济文化生活带来了许多新的气象，给人生观教育提供了大量的有益教育素材。但也不可否认，出现了许多不利于青少年健康成长的问题。青少年有可能被金钱至上、物质享受熏染、侵蚀，被社会不良风气毒害。以权谋私，以权换钱，官商官倒、行贿受贿、投机倒把、赌博成风、卖淫吸毒、封建迷信等等，无不影响着他们幼小的心灵。青少年被大众文化传播媒介的各种信息所包围，影视书刊铺天盖地，鱼龙混杂，优劣各异。分辨力不强的孩子被不利其成长的信息所污染，有的受了毒害，走上邪路。也有的受到了不良人生观的影响，视人生如梦、信生死轮回、因果报应，悲观厌世、生活消沉。种种不良影响导致了青少年的价值观、人生观发生了扭曲。

上述问题的存在呼唤着教育，应该用更有力量的教育系统帮助青少年健康成长。要增强他们分辨是非的能力，增强他们的思想免疫力，保护他们思想的纯洁性和正确性。任何时代都是这样，不断会有促进社会进步与思想解放的积极因素产生，也不断会有妨碍社会发展及思想进步的消极影响出现。时代的发展，犹如大浪淘沙，始终会有闪光的金子闪现着它的辉煌。教育工作者要在这改革的时代增强责任感，不能消极悲观，要更新教育观念，拿出开拓者的勇气，为了改革开放事业的成功，为了培养现代化的人才，为了青少年的健康成长，建构起与时代同步的人生观教育体系。

第三节　新旧观念之间的撞击与整合

作为思想意识形态的人生观教育，其存在的价值就在于对社会和人的积极促进作用。我国在以经济建设为中心的改革过程中，需要各种各样的社会稳定器，而不需要有任何阻滞作用的障碍。人生观教育必须要适应我国现阶段改革的要求，作出相应的调整。在这种调整中，面对的主要矛盾是如何认识经过了很长时间建立起来的人生观教育体系。这个宏观认识问题不解决，就难以开展新时期人生观教育的研究与实践，还极有可能出现“照方抓药”、“换汤不换药”的问题。

人生观教育现在需要改革，但怎样改革却是要认真对待的。裴斯泰洛齐（瑞士教育家）说：“在大改革的时候，起初常常会把洗澡水和孩子一齐泼了出去。”如果这种情况出现在对青少年的人生观教育上，那就会影响到这一代人的教育了。我们不能采取抛掉人生观教育传统的办法改革人生观教育，而要用扬弃的方法对待它。人生观教育新旧观念的撞击在教育界现在已有表面化趋势了，这不是件坏事情。新旧观念的撞击会产生扬弃的力量，抛掉的是那些不合时宜的教育内容，保留的将是那些合理的思想精华。这精华将与创新的教育思想相融合，迸发出更加灿烂的光彩。开展新时期的人生观教育，要求教师要具备继承观、创新观，要用有利于社会与青少年健康成长的价值标准指导人生观教育的继承与创新，使人生观教育沿着正确的轨道发展。

一、传统的并不都是错误的

在一个政治专业大专班的开学典礼上，曾发生过这样一件事情，当班主任问及学员为什么选择学习这个专业的时候，一位学员说：我学习的目的就是要彻底推翻现有的理论，重新建立一套吸引人、适合现代青年教育的理论。这位同学可谓志气不小，但未必正确。其偏差就出在“彻底推翻”这四个字上。显然，建立新的理论是绝对离不开对以往理论的学习和继承的。自然科学中从牛顿的万有引力学说到爱因斯坦的相对论、社会科学中从黑格尔的哲学到马克思主义的科学理论，无不是在继承基础上的创新。在这个问题上，虚无主义是要不得的。

就人生观教育而言，且不说近几十年我国教育工作的有益经验，单就我国传统文化中积淀的许多思想和方法就很有跨时代，跨国界的意义。1992 年 6 月，在北京召开过一次由一批在各社会学科颇有成就和影响的中青年学者参加的研讨会，会议题目是“中国文化中的生活态度与当代经济社会”。在研讨会上，有许多学者对涉及到人生观教育内容的人生态度、人生价值等问题发表了很有见地的意见。学者们对我国民族的人生态度、进取意识、择业观、节俭观、财富观、功利主义等人生问题进行了广泛的研讨，对传统文化中的生活态度诸方面的问题进行了正确评价。学者们的发言无不蕴含着这样的潜台词：尽管华夏文化并不能从所有方面满足现代发展的要求，但从世界观和人生观等表现一个民族的生活态度方面，则中华文化无疑可排在世界文化最优秀之列。其实这一观点早就被东西方一些发达国家的实践所证实。有不少国家很注意吸收我国文化的精华，不然，何以会出现不少像美国那样设立中国文化研究的专门机构？中国的儒家文化在东南亚何以会如此受推崇？

我国的传统文化是有现代价值的，人生观也是有可以继承的精华的。比如，中国人的“择业观”与“敬业精神”就对现代经济的发展具有促进作用，而这些方面我们今天继承得却很不够。中国的科举制度，在当时的社会保证了哪怕是最底层的优秀人，才也能通过艰苦努力进身士大夫阶层，这种制度在保证人才流通的同时，又使大多数人安于现状，使社会多数成员有稳定的本职工作，有敬业精神。这些都比当时欧洲的农奴制及贵族世袭制优越得多。这些优秀的传统恰与中国目前普遍缺乏敬业精神，脑体倒挂的现状形成了鲜明的对比。

在当代开展人生观教育，我们要坚定有几千年发展史的中国文化仍有现代价值的信念，继承历史的和现代的人生观教育的优良传统，使之成为指导当代青少年人生观的有益材料。

二、传统教育又必须要创新

在肯定以往人生观教育主体内容正确性的同时，我们还要有一种时代创新意识。如果在弘扬传统文化和坚持现有人生观教育内容时，忽略了它可能存在的弊端与缺陷，忘记了剔除糟粕、取其精华，忘记了它的根本核心而迷恋于细枝末节，忘记了时代发展的必然性——淘汰与发展创新原则，那就是错误的。现在的人生观教育，正是由于缺乏坚持上述原则，缺乏改革创新的实践，才使得工作总是比较被动，人生观教育的力量显得很薄弱。在一所学校里，曾对367名学生进行过一次“你最喜欢与最不喜欢的科目”的调查。这些学生把政治教育排在最不喜欢栏内的占到86.3%。在广州，三年内吸收的宗教教徒中，青少年占到了其中的3/4。一位皈依宗教门下的高三学生说：听牧师布道，胜过听政治教师、校长、班主任训话。一位考入高校的大学生在写给中学母校的信中，直言不讳地批评学校的政治说教教给他的就是两个字：虚伪。而政治课恰恰是人生观教育的主渠道。现在的青少年，不少人信仰失落、志向不高、道德水平低下、人生进取精神馈乏，这不能不说是人生观教育的悲剧。从内容到形式，从概念观点到理论体系，学校的人生观教育已到了非改不可的程度了，不然，影响的将是时代的发展与进步。

时代的发展与青少年的现状提出了迫切的需要。教育工作者要造就出能唤起积极人生的“宝剑与盾牌”。要勇于实践，大胆改革，更新人生观教育观念；要借鉴世界上一切优秀的教育内容与方法，顺应时代发展的潮流，自觉运用文化的发展规律与作用；要接受人生观教育也同样需要优择劣汰，要受时代抉择的原则，树立强烈的创新意识。面对当今世界的现代化进程与中国发展的大趋势，人生观教育要适应现代青少年发展的要求，跳出思想桎梏，接受新观念的冲击，在新与旧的撞击中，实现人生观教育理论的整合。

第四节　人的思想和行为的总开关

每个做父母的，从孩子呱呱落地之后，就期望着他（她）能有一个美好的人生。许多父母竭尽自己的力量，教育抚养着孩子。每个做教师的，从儿童一入学，就祝愿自己的学生能够成人成才。教师用自己学有专长的教育能力，哺育着学生。父母的责任，教师的天职，就是要使孩子们有一个理想的人生，这就有一个要有效地对青少年一代实施人生观教育的问题了。一位哲人说过：理性高于感性。对青少年开展人生观教育，要掌握科学的教育理论，用人生观教育系统理论指导人生，这是实现有效教育的保证。而要掌握人生观教育的系统理论，就要从理解人生、人生观开始。人生、人生观这两个基本概念，是打开人生观教育理论大门的钥匙。

一、从感性与理性方面理解人生

人生，是人的生命历程。就人类而言，是人们改造自然与社会的历程；就个人而言，是某个人认识和改造自然与社会的历程。从哲学意义上认识人生，可以把它分为三个构成要素：一是人的物质生活，二是人的精神生活，三是人的创造生活。物质生活提供人的生存基础，精神生活决定人生存的方向和意义，创造生活则意味着人生对社会的贡献。这三个要素是三位一体、相辅相成、相互促进的。生活本身就按照这个内在逻辑发展着。千百年来，人们就是这样把人生推向前进，不断攀登物质、精神创造的高峰。在人类历史的长河中，把握住了人生的人，从不消极对待这几十年的生命历程，从不埋怨生活的坎坷，哀叹个人的不幸，始终保持着青春朝气，在人生道路上遇到困难就攻克它，遇到挫折就战胜它，物质生活上以检朴为乐，精神生活上以高尚为荣，创造生活上以进取为贵。这些人的一生，走过的是灿烂多彩的生命历程。

青少年已经具备了感受人生，认识人生的条件，但还难以从哲学层面上加以深刻理解。帮助他们理解人生概念，不能太理性化了，而要从感性认识入手。教师可以从文人墨客赞美人生的诗词歌赋讲起，也可以通过仁人志士的生命足迹使青少年感悟，更可以从青少年的榜样举例说明。在有了一定感性材料基础上，教师可以引导学生从理性方面认识人生，使学生能理解这样的基本观点：对人生的认识是社会物质生活条件的反映，是一定社会的意识形态，它具有时代性。由于人们所处的时代背景、社会地位和经历的不同，对人生形成了不同的看法。青少年处在人生的重要阶段，因此，要自觉认识人生，学习把握人生，创造幸福人生，像高尔基说的那样，生活的意义在于追求美好，在于向往目标的力量。应当使生活的每一个瞬间都具有崇高的目的。

二、在认识人生的基础上认识人生观

人生观是人们根据一定的世界观去观察和对待人生问题时所持的观点，是对待人生问题的总的看法和态度，是待人处世的指导原则。换言之，人生观就是人们对人生目的和意义的根本看法，是人的思想和行为的“总开关”，是“人生支柱”。人生观要集中回答这样一些问题：什么是人生？人生的目的是什么？人生有什么意义？应该怎样度过自己的一生？应该使自己成为一个什么样的人等等，人生观，人皆有之。只是有自觉与盲目、正确与错误、先进与落后之分。人生观是生活的一把钥匙，每个人都要用它打开生活之门，有的进入了挖掘各种财富（精神的与物质的）之门，有的跌进了垃圾洞。

人生观和世界观是有着密切联系的。世界观是人们对整个世界的总的根本的看法。世界观是人生观的基础，任何一种人生观都离不开一定的世界观而独立存在，它总是以一定的世界观为基础的。人生观是世界观的组成部分。世界观要认识的是整个世界，人生观认识的是整个人生，是认识世界的一部分，所以，人们认识世界，自然要包括认识人生了。人生观是世界观的表现，对世界观有着积极的作用。人生观是依赖于世界观的，是受世界观制约的。在人类历史上，任何一种人生都以一定的哲学思想为基础，是一定世界观的表现。人生观又是积极地反作用于世界观的。人生观教育生动活泼，人生观的内容极为现实具体，为人们普遍关注，如果寓世界观于人生观教育之中，则会使世界观教育的内容与形式更为丰富多样。

在对青少年进行人生观教育过程中，要帮助他们准确理解教育的基石——人生观。教师可以运用大量的感情材料，运用对比方法帮助学生来理解，比如社会总是推崇那些与社会发展相适应、树立了正确的人生观的人们。在革命战争年代，志士舍身取义，为理想奋斗，在中国，有像夏明翰那样“杀了夏明翰，自有后来人”的无数仁人志士；在国外，也有如美国独立战争中的内森·黑尔上尉在就义前发出“我最遗憾的是我一生中只有一次生命贡献给我的祖国”豪言壮语的无数英雄。在和平建设时期，有无数人在平凡的岗位上做出了不平凡的贡献。有的攻克科技难关，如北大生物系30岁的教授陈章良，以卓越的分子基因研究成果获得了青少年诺贝尔奖。有的在体育方面拼搏，像跳水老将谭良德，奋战三届奥运会，拿了三块银牌，获得了人民给予很高的、不亚于金牌得主的赞誉。更多的人则在默默无闻地奉献。这些生动感人的材料，都是可以帮助青少年理解人生观的好教材。

社会总是摒弃那种选择了错误人生观的人们。他们有的追求享乐人生，把吃好、穿好、玩好看作是人生最大乐趣，除此以外别无他求。有的人“金钱至上”不择手段谋之，自私自利，“拔一毛以利天下而不为”。有人把追求权力作为人生哲学。有的人信奉“虎死留皮，雁过留声”的人生信条，贪恋名望，好出人头地。有的人则消极对待人生，自认为看破一切，万事皆空，人生如梦。凡此种种，不一而足。这些人或被时代所不齿，或被人们所批评，或被社会所淘汰，结局常常很糟糕。这些触人至深的反面教员，可以拿来帮助青少年从另一个方面理解人生观。

在感性材料的基础上上升到理性认识，是理解人生观的基本方法。从大量的人生观实例的分析中，教师就可以提炼出思想的精髓：人生观是人对人生目的、意义和道路的根本看法，它从根本上决定人们的道德品质及其一生的方向和道路。一个中学生，要树立正确的人生观。

青少年目前所处的环境，给认识人生观带来了更为复杂的情况，时代给人生观的认识，融入了新的内容，提出了新的问题。但不管怎样变化，指导青少年追求美好人生，抵制消极人生则是一个不能更改的教育原则。教育工作者要无愧于自己的神圣职责，面对风华正茂的青少年，要用正确的教育帮助学生树立科学的人生观，使他们能在献身社会中拥抱时代光环，在社会中实现他们自己的人生价值，做一代有为新人。

第五节　从爱因斯坦语惊四座的高论谈起

自然科学家谈教育，往往能从新的角度发表独到见解，颇有精辟之处，爱因斯坦就是其中的一位。1936 年，在美国高等教育 300 周年纪念会上，面对各界名流，他说："如果一个人忘掉了他在学校里所学到的每一样东西，那么留下来的就是教育。"爱因斯坦的观点在当时就语惊四座，今天读来也仍觉非同凡响。他曾对自己的教育观作过进一步的解释：道德教育不是死记那些空洞的言词，而是培养把为社会服务看作是自己人生最高目的的有独立行动和独立思考的人，是能够把握自己生活之路的人。显然，这属于人生观教育的范畴。爱因斯坦认为，应该培养和谐的人，给其最重要的人生方法与能力，如果不加选择、生硬灌输，就犹如强制不饿的狮子吞食，会使其丧失贪食习性的，是有害于一代人成长的。他曾说："知识是死的，人是活的。"

爱因斯坦的教育观，可以指导我们选择具有时代意义的人生观教育内容，即一要考虑对成长一代的社会责任；二要考虑他们的可接受性，要有重点地进行教育。对人生观教育内容的规定是比较多的，概括起来有如下一些方面：道德观、理想观、价值观、公私观、生死观、恋爱观、荣辱观、苦乐观、幸福观、知识观、职业观、美丑观。在社会不同的发展时期，对不同年龄段的人，上述人生观教育的重点是不同的。根据我国现代化建设发展的要求和当前青少年的思想现状，对中学生的人生观教育有必要在全面进行上述人生观内容教育的过程中，重点抓好公私观、价值观、道德观、恋爱观、知识观、职业观的教育。

一、公私观

人生观的核心问题是如何认识和处理社会进步同个人发展的关系问题。公私观就是处理这种关系的观点，是人对公与私的基本看法和态度，亦即应该如何处理公共利益同个人利益的关系问题。步入现代社会大生产之门的任何一个人，都必须要正确处理公与私的关系，才能成为现代人才。对中学生进行公私观的教育，是一个时代的命题，中学生应该树立辩证的公私观。首先，要树立一生为"公"的思想，这个"公"字的含义就是集体利益，一生为"公"就是做到全民族的利益高于一切。在我国改革的社会转型时期，强化这一思想是非常重要的，这是改革得以顺利完成的保证。其次，要树立“私”的合法性思想。这个“私”指的是个人利益，亦即正常的私人利益，包括个人的物质生活、精神生活等诸方面合理的切身利益。第三，要树立辩证的公私观。就是要懂得公中有私，私中有公；公字当头，合理求私，并做到身体力行。以上三点，是教师要掌握的公私观教育的基本内容。

二、价值观

在新形势下，教育中学生树立正确的人生价值观是非常必要的，价值观的正确与否将关系到他们今后投身改革事业的成败得失。价值观是人对人生价值的基本看法。中学生对人生价值问题已十分敏感，在他们逐渐形成自己对人生价值看法的过程中，教师要用正确的人生价值标准教育学生，并使他们懂得怎样提高和实现自身价值。要指导学生树立人生的价值在于对社会的贡献这一基本的价值观，使学生认识到：提高个人修养水平是实现人生价值的前提条件，这包括加强思想政治修养，加强道德品质修养、加强科学文化知识修养和提高身体素质。要使学生树立这样的意识：在改革开放的事业中层现自身价值，通过在社会中的成功实现自身价值。要使学生这样自觉地追求人生价值：从自己现实的学习生活开始，刻苦学习，拼搏实干，敢于创造，增强责任，为将来在社会工作中能树立起主人翁的思想和具备端正的劳动态度打下良好基础。

三、道德观

这是人们对道德问题的基本看法和态度。道德是人们行为的准则和评价行为的标准，它起着调整人与人之间，个人与社会之间关系的作用。随着社会的不断进步，道德规范也在发生着变化。教育中学生遵守社会主义的道德规范，养成符合现代社会要求的道德习惯，将有利于社会风气的好转，有利于人的素质的提高，有利于现代化的建设事业。教育中学生树立符合时代要求的道德观，教育工作者要着重抓好这样两大类道德规范的教育：第一类，进取性道德，包括勤奋、勇敢、顽强、智慧、诚实、自信、热情、钻研等规范。这种道德观的教育主要是为了发挥人的主动性与创造性，最终能通过人的进取性促进社会进步。第二类，协调性道德，包括团结互助、大公无私、集体主义、爱国主义等道德规范。这种道德观的教育主要是为了调整现代社会比较复杂的人与人之间，人与社会之间的关系，为保证社会秩序，人际关系的稳定和谐创造条件。

四、恋爱观

是人生观的重要组成部分，是人们对待恋爱问题的根本观点和态度。恋爱观受时代、传统、文化风俗习惯的影响，不同时代，不同经济地位，不同道德境界的人有不同的恋爱观。青少年的成长过程，也是一个形成恋爱观的过程，尤其是对处在青春期的中学生来说，引导教育他们对性、异性、恋情、爱情、婚姻、家庭有正确的认识，正确的观点，是很重要的。恋爱观的教育应包括这样一些内容：性生理、性心理的教育，使学生懂得性角色规范，防止出现性偏差。恋情萌动的教育，使学生认识这种情感的必然性与不成熟性，懂得中学生还不具备恋爱的各种条件，应防止早恋，但也不能压抑自己的正常的恋情萌动，而要善于转移，防止出现心理障碍。要进行成人所应掌握的爱情、婚姻基本规范的教育，使中学生懂得，未来的成人生活，要摆正爱情与理想事业的关系，处理好学习、工作与恋爱的关系，要树立正确的择偶标准，注重思想品质以及经济、文化、性格、志趣、身体、容貌等综合条件的适应性。要有两性交往的责任感，反对“杯水主义”、“爱情至上”“以貌取人”“以钱取人”“以地位取人”的恋爱观。

五、知识观

这是现代社会人生观的重要组成部分。知识观是人们对科学文化知识的基本看法与态度。青少年正处在这样一个时代，现代科学技术迅猛发展，知识越来越密集，新兴边缘学科和大量知识密集的技术不断产生，科学文化知识对社会的发展起着巨大的无可比拟的作用。我国正处在社会主义现代化建设时期，对劳动者的科学文化素质提出了越来越高的要求。中学生应该充分认识到学习的重要性和紧迫性，懂得知识是人成才的核心内容，懂得提高自身文化素养是提高人的社会价值的必要条件。教育工作者要教育中学生树立正确的知识观，加强科技意识的的培养，广为传播科技信息，要启发学生的求知欲望和动力，立志做有觉悟、有文化、懂科学的一代新人；否则，或志大才疏，或不学无术，无所作为，虚度人生。要加强中学生科学求知方法的指导，锻炼运用知识的能力，注重实践的体验。

六、职业观

是人们对职业的认识与选择所持的基本观点和态度。加强中学生的职业指导，是现代人生观教育的一个新课题。在我国经济体制转换过程中，人的求职、供职、换职有了更大的灵活性和机动性，但如果没有正确的职业选择与职业意识，则会发生求职的盲目性，遭受供职换职挫折。每个在校的中学生，都会遇到升学、就业的问题，有什么样的职业观是很重要的。职业观的教育包括这样一些内容：树立职业理想，并从中学开始努力奋斗，争取理想职业。合理选职的教育、指导与咨询，使学生懂得要根据自己的能力、气质、性别、身体，文化等方面的条件进行职业定向与选择，要学会参加职业咨询、乐于接受职业培训。要有敬业精神，干一行、钻一行，爱一行、干好一行，尽职尽责，有良好的职业道德观。要培养学生树立竞争意识，使他们成为一个具有现代化建设本领的合格劳动者。

第六节　赋予传统方法以新的活力

美国著名经济学家莱斯特·瑟罗教授对世界经济学界上颇有影响，其深厚的社会学功底保证了他得以站在时代高度，研究人类社会的政治、经济。受到他思想的引导，有以下方法教育学生形成正确的人生观。

一、实际锻炼法

这种方法是要创造条件，使学生在学校、社会、家庭中经风雨、见世面、受锻炼，在行为上受磨练，从而起到提高认识人生的思想水平，打好人生观实践基础的作用。在我国古代，孔子强调过要做“躬行君子”，墨子提出“士虽有学，而行为本焉”，都是说要重视实践对人的思想的促进作用。在现代社会，培养人的行为创造能力显得尤为重要，教师应该运用实践锻炼法培养学生走好人生之路的能力，同时也要使用这种方法培养中学生投入现代社会生活的能力。人生观教育的实践锻炼有许多具体方式，如行为练习方式（教师有意识地让学生完成某项工作来进行锻炼），组织活动的方式（教师与学生一起开展人生观教育活动，在活动中锻炼行为，提高认识），强化训练方式（教师通过组织学生接受军训、登山远足、劳动等，强化学生的行为）等等。运用实践锻炼法要求教师首先要做好动员工作，使学生产生磨炼人生意志的动机，乐于实践，勇于实践；要做好督促工作，使学生能坚持不懈地进行人生实践；要起好率先示范的作用，身体力行，为人师表，增强指导学生的说服力。

二、情感陶冶法

是指利用情感、情境的育人作用对学生施以人生观教育。人是感情的动物，以情感育人是一种非常有效的教育方法。运用这种方法主要是创设具有启迪人生心灵的主导诱因，这种诱因包括：教育者的人格力量、教育环境、气氛、集体作风、传统、集体舆论、美育及体育教学培养等。运用情感陶冶方法的主要方式有：人格感化（教育者以自身的优良品德与人格，影响学生的生活观与价值追求，鼓励学生积极进取）；环境陶冶（为学生创造形成良好人生观的教育环境与氛围，重视教育环境布置的育人因素，发挥班风、集体舆论的人生观教育作用）；艺术陶冶（用艺术的形式感召中学生，如音乐、美术、舞蹈、诗歌、影视剧等，都是能够增强人生观教育吸引力的形式）。

三、自我修养法

是指教师运用各种有益于学生身心修养的教育内容，辅导学生，启发其自觉修养意识的方法。自我修养虽是学生的个体活动，但力量来源却主要在教育。这种方法强调的是把教育者与受教育者的作用有机结合起来，教师以育人思想与技巧指导学生，学生接受指导，认识人生，认识责任，这两种力量一经结合，就可以内化为学生进取人生的积极态度。教师对学生进行修养指导的内容有：指导学生掌握人生修养的标准，树立正确的人生价值观；指导学生正确认识自己，评价自己，使学生具备对自己人生行为进行分析、判断、总结的能力；指导学生进行情感体验，即在自我修养中去体验人生、培养情感；指导学生结合自身特点选择进行修养的具体方法与形式；通过生活实践检验修养水平，产生修养动力，给学生上好自身修养的实践课。

第七节　须唱新歌杨柳枝

随着社会科学的发展与教育实践的不断深入，人生观教育的方法也在不断完善、创新。一方面是传统方法不断充实新内容，推出新方式；另一方面是在继承传统方法的同时，不断随着科学理论与实践的总结创造出一些新方法。

人生观教育的方法体系就是在这不断继承与创新中日益完善，不断适应教育的需要与青少年成长的需要。这里，根据现代社会的特点和对人生观教育的新要求，主要介绍四种创新的人生观教育方法：信息导向法、情景预测法、目标激励法、合力施控法。

一、信息导向法

就是借鉴信息论所提供的方法对中学生侧重于人生导向，从而通过人生信息的传递达到教育的目的。人生信息的导向就是通过普及社会信息知识，开展信息启蒙教育，从而实现传播人生积极追求的各种信息，树立起信息观念。提高获取各种人生信息的能力，受到人生观教育等多方面的教育功效。

对公民进行信息教育，由信息的作用提高人的素质，这是一种新的方法。在法国，信息教育已列入了施政国策之中，在我国也有教育工作者提出，与其让学生反复说那味如嚼蜡的干巴巴的人生教育大口号，还不如用那宝贵的时间引导他们通过吸收时代信息发展提高自己，这既可以增强人生观教育的生动性，也可以丰富人生观的教育内容，更能够使中学生与社会保持同步。

开展信息教育，是社会的需要，人生观教育的需要，也符合现代中学生思想开放的特点，教师应该学会运用这种方法。

运用信息导向进行人生观教育，应从三方面着手：

一是为学生创造一个广泛汲取积极信息的环境，使学生能得到人生观教育的信息。

二是培养学生能根据自身条件选取有关人生观信息的能力，学会识别、取舍，并能够掌握有益信息。

三是通过教师与学生双向交流信息，激励学生把有价值的信息转化为个体成长的动力和行为。信息导向法弥补了传统教育的教师为中心的不足，把教育者与受教育者共同融入信息环境，在这种环境中，师生双边活动的优势得到发挥，社会信息、科学信息、精神成果无不可以影响促进学生，这不失为一种具有时代特点的人生观教育新方法。

二、情景预测法

这是借鉴未来学和耗散结构理论所提供的方法而用之于人生观教育的方法。所谓情景就是一种构想，即用来描绘未来的图景，在人生观教育运用上主要是描述学生群体与个体在接受某种人生观教育之后的状态，可能达到的水平。

情景预测就是从描绘的教育情景的最终状态出发，分析回复到初始状态所应走过的人生发展路径。

继而运用耗散结构的理论方法解决要达到最终状态应创造哪些条件的问题。情景预测法分为两步，第一步是构筑教育情景，即分析教育对象接受了人生观教育之后应该表现出怎样的状态。第二步是进行路径分析，即创造哪些教育条件实现这一可能。

这种方法好像是人去旅游，先选择要到达的地点，要旅游的内容，回过头来再考虑怎么去，该准备些什么。

耗散结构理论的方法要解决的就是怎样稳定地实现这种可能的最终状态，也就是怎样创造条件，顺利实现预想的教育结果。

耗散结构理论给人们带来的是关于进化与变革的新观点，其中进化的可逆性和分枝点是两个具有方法论意义的重要概念，用之于人生观教育，可以使我们得到向预测教育情景而努力的教育方法，其基本的思想方法是：每个学生所走的人生道路具有时间上的不可逆性，这种不可逆性的含义有二：

一是人生发展路径对每人来说关系重大，即在某些关键时期（或称分枝点）学生走向未来的路是可以选择的；

二是强调不可逆性，如果对某个关键时期把握不住，失去的机会决不会再来。这就使我们看到，人生观教育的重点在让学生认识到分枝点的重要，一定要把握准，使自己前进的人生列车在叉道口处能顺利地开往预定目标。耗散结构理论为运用好情景预测法规定了以下几个原则：

一是小步原则，即从点滴做起，一步一个脚印稳定前进。

二是最小阻抗原则，即使每个人的人生目标符合集体的共同目标，让集体认同个人的目标，使集体成员之间和谐相处，互助互促，而不互设障碍，减少阻力。情景预测法从未来情景出发、引导学生从现实起步，是用于开展人生观教育的好方法。

三、目标激励法

目标激励法是与情景预测法正好相反的一种教育方法。前者的教育线路是由远及近，后者则是由近及远。具体说，目标激励法是指用一个具体的奋斗目标，鼓励和激励学生采取积极行动，使学生产生追求动力，为实现目标而努力。这种方法的特点是依靠近、中、远的系列目标来调动每个学生追求目标的积极性，主动性。

目标激励法是依据现代管理学中关于目标管理理论的内容提的。运用这种方法开展人生观教育，要把握住三个环节：

第一，人生目标的制定要把个人目标与社会理想统一起来；

第二，目标的组织与控制要用明确责任与严格要求相结合；

第三，目标是否实现的评价要及时，要为促进学生的进步或改正错误的人生观而做好肯定性评价与否定性评价工作。

目标激励法的优势作用是使学生从最近的努力目标做起，学生对近的目标的实现情况可以进行自我评价，对自己行为的结果可望可及，会保持追求的自觉性和信心；教师则可以从一个个具体的经过努力可以达到的目标抓起，慢慢地一步步把学生引向更高的人生目标。这个方法很适合低龄学生的教育，是开展人生观教育的一种有效方法。

四、合力施控法

这是把控制论的方法引入中学生人生观教育的方法。所谓合力施控就是把中学生的人生观教育当作一个控制系统，通过学校、社会、家庭三方面的教育合力，对学生共同实施教育控制，从而发挥教育的主导作用。创造有利条件使受教育者沿着正确的人生之路健康成长。中学生人生观的形成是一个主客观因素共同发生作用的过程，无论是主观思想还是客观环境都有积极与消极因素的存在，因此，就需要加以必要的教育控制，防止消极因素的影响，对认识能力不强的中学生来说，实施合力控制是非常必要的。

合力施控法强调教育合力，即要把学校、社会、家庭三种积极的教育力量汇总起来，这个汇总的组织者就是教师。比如成立家校教育委员会，设立社会教育基地等就是一种结合形式。合力施控法同时强调控制过程力量的均衡性，即教师要在管理过程的一个环节投入必要的教育控制力量。要抓好预告控制，即要估计到学生可能发生的问题而准备好教育措施；要抓好随机控制，即根据偶发问题采取及时的教育；要抓好反馈控制，即不断根据学生受教育的表现情况调整教育方式。引入控制论方法而提出的合力施控方法，主要是根据中学生身心发育不够成熟，社会环境又比较复杂的教育需要而提出的，这种方法是适用现代教育的要求的。

第二章 心理学育人

第一节 运用心理科学理论育人

一位德育研究工作者说：“这十几年，德育工作总是处在堵漏洞、挽救危机的被动地步，而且越堵漏洞越多，危机也并未消除，尤其是近几年，感到思想政治工作走进了死胡同。”这位同志的话虽有些过重，但却反映了目前教育工作者对德育的困惑，反映了德育工作目前所遇到的困难。其实不只是德育，包括德育在内的整个意识形态领域，这些年都不断出现新问题。在一个社会改革变迁的波动时期，随着经济体制的转型，必然会带来社会各个方面的变化，变化的过程就是一个出现问题、研究问题、解决问题的过程。我们应该正视德育的现实，用严肃认真的态度和乐观进取的精神对德育进行一番考察，寻找推动德育工作的力量与突破口。

一、德育问题的透视

德育目前遇到的问题确实不小。犹如经济会发生进入低谷的情况一样，德育现在也处在困难时期，表现为疲软与乏力。疲软与乏力最突出之处是原有的德育工作无论是对教师还是对学生都已失掉了先前的吸引力与作用力了，一句话，很有些馈乏了。馈乏表现之一，当教师运用以往的教育任务与形式开展思想政治工作的时候，学生越来越离开了教师甚至有的跑进了教堂。他们说：不知为什么，听牧师讲的，胜过听班主任校长训话。当传道、授业、解惑之人失去了影响力的时候，其教育效果就可想而之了。馈乏表现之二，当学生接受传统教育时，出现了逆反情绪，教育灌输越多，学生越厌烦，越听不进去。据报导，某中学组织一次特殊的测量实验，当堂快速默写出我国国歌，结果，668 名应试学生只有 5 名算是完整地答完了卷。当受教育者的逆反心理成为经常情绪时，可以说，连起码的教育内容都难以完成了。馈乏表现之三，中学生表现出的问题，用已有的德育方法解决起来，有的很吃力，有的解决不了，诸如考试焦虑、人际交往障碍强迫症与情绪抑郁等心理问题，用政治教育、思想教育、道德教育都不灵，解决起来犹如隔靴搔痒，不管用。馈乏表现之四，德育打的完全是退守战，有人这样形容：小学进行共产主义教育，中学进行社会主义教育，大学进行爱国主义教育，到社会上吃香的是个人主义，步步后退。我们还能往哪退呢？总不能退到进行个人主义教育吧。

本书提出这些问题的目的，是要正视德育的现实，要由此产生一种责任感，即要改革我们的思想教育工作，更新德育内容与方法。这种改革与更新可以是全方位的，也可以是重点突破的。从方法论上讲，重点突破为先导，带动全方位的改革是更为稳妥和现实的做法。广大教育工作者面对新问题，积极实践，已使德育在一些方面有了一些新的突破，给德育带来了希望与活力。

二、走出困惑的契机

德育工作者面对重重困难、诸多问题，没有消极观望，而是积极探索，寻找德育突破口。经过实践的总结，人们提出了一个很有发展前途与时代意义的德育内容——对中学生开展心理教育。德育理论工作者们认为：开展心理教育，是推动德育的契机，给德育走出困惑带来了希望。——国家教委在德育大纲中明确规定，中学德育内容包括思想、政治、道德品质、个性心理素质的培养。大纲还分别对初、高中学生的个性心理素质和能力方面提出了基本要求。这一规定开我国心理教育法规要求的先河，具有在中国教育史上书写一笔的意义。

——教育行政部门的负责人开始反复强调心理健康教育的重要性，比较典型的代表是一位国家教委副主任，在退休前几年的时间里，不断强调要加强心理健康教育，要注重良好心理素质的培养，并指出，学生教育得好不好是要到社会实践中检验的。

——德育理论工作者开始从更高的理论层次，研究心理教育的意义与作用，提出政治教育所起的是素质培养的方向性作用，思想教育所起的是素质培养的动力性作用，道德教育所起的是素质培养的规范性作用，而心理教育所起的是连接与支持上述素质培养的中介作用。心理教育的理论依据与作用得到了比较充分的论证。

——在实践中，广大教育工作者作了更为有益的探索。很多教师开始运用心理学理论对学生进行多方面的教育：有生理心理的教育，有情绪的调节辅导，有人际交往的适应性训练，有学能开发的尝试，也有职业咨询的指导，等等。社会上近几年掀起的心理咨询热也很好地配合了学校的教育，热线电话、心理宣传专栏、电视教育片不断出现。心理教育在德育其他方面偏冷的情况下，一枝独秀，显出了勃勃生气与活力。

世界上不少学者早就称当下为“焦虑的世纪”。急速变化的文化环境、快节奏的社会生活、巨大的学习、工作压力，使得当代人普遍存在这样那样的心理困难，学者们呼吁要加强心理的科普教育工作。在我国，心理科学终于从学府院墙中走出来，走向了社会和校园，这位心灵的“知心大组”一同中学生见面，就倍受欢迎，少男少女如遇甘霖，向她热情地敞开心扉，表现出了很乐于接受这种教育的积极性。心理教育理论给我们创造了有利条件，理论的实践效应又证明了心理教育的适用性，教育工作者应该抓住这一契机，开辟德育工作的新局面。

第二节　我们并不是第一个吃螃蟹的人

运用心理学所提供的理论与方法开展教育工作，在国外一些发达国家已达到了比较普及的水平。不少国家的心理教育已从校园扩展到社会。接受心理指导，成了人们生活中不可缺少的一部分。在美国，人们的生活离不开三个不可少的内容：向保险公司投保、到律师事务所请律师、定期到心理咨询机构或教堂寻求精神帮助。在东西方，不少国家或地区的心理科学工作已达到了比较高的水平。

20 世纪 90 年代一场震动全球的海湾战争，可谓是高技术的大表演。而包括心理科学在内的软科学也同样大显身手。据报载，心理专家很注意研究处在荒漠前线美国官兵的心理，并及时提出相应的措施。如为了消除官兵远离家人的孤独寂寞心理，在前线荒漠上，架起了可直通美国的卫星电话；为了保持官兵稳定的饮食情绪，甚至不惜向进出口部门订购了 7 万个中国春卷，运到前线。这次海湾战争，美国做卫星电视直播；不少人把电视搬到办公桌上观看激战画面：每当转播结束时，画面上就会出现一位心理医生的忠告：“请听一段悠美音乐，稳定了您的情绪之后再开始工作。”心理调节应用到了这个水平，可见其心理学的社会普及达到了何种程度。

在东方，心理学的运用也是有一定水平的。在我国台湾，有个几乎家喻户晓的“张老师”。《张老师》是一本心理杂志，并配有多条心理咨询热线。台湾人喜欢“张老师”，不少人离不开“张老师”，《张老师》这本印制精良的月刊，成了人们互赠礼物的佳品。生活中有了烦恼，人们就会说：“找‘张老师’去”在香港，有“女青热线”专为青春少女提供服务。在韩国，有“爱的电话”，24 小时向社会提供服务。心理学的应用，在这些国家和地区，是很受重视的。

一、心理教育成为社会的“宠儿”

心理教育作为科学，是 19 世纪中叶随着自然科学的发展和实验方法的采用，逐渐发展起来的。心理教育在我国又叫心理卫生教育，这个概念是由美国人 C · 比尔斯提出的。20 世纪初年，他写了《发现自己的灵魂》一书，得到心理学权威们的认同，在科学界兴起了一场理解比尔斯的“心理卫生概念和预防心理疾病”的运动。这个比尔斯运动以美国为起点，半个多世纪来在国际上有了很大的进展。1930年，在华盛顿举行了第一届国际心理卫生会议。1948年，建立了国际性的心理卫生组织，以推动研究与应用。心理教育发展至今方兴未艾，很受国际社会的重视。

国外许多国家开展心理教育是以心理咨询形式进行的。科学的心理咨询发端于20世纪初的美国。1908年，弗兰克·帕森在波士顿开设了职业局，出版了《职业选择》一书。为心理咨询的诞生奠定了第一块基石。帕森认为，一个人的职业必须与他本人的兴趣、能力和个性相符合。为了得到理想的工作，不仅要对环境作出正确的评估，也要对自己进行正确的认识。1905年，法国心理学家编制了世界上第一个智力量表：比奈—西蒙智力量表，从此，各种测量技术广泛应用于心理学领域。20世纪30年代末40年代中，第二次世界大战爆发，社会动荡。个人适应问题，尤其是情绪与人际关系问题迅速增多，出现了心理治疗的时代，心理咨询开始普及，并进入了学校。

“宠儿”在学校更受喜爱

应该说，心理教育在学校的运用，有着比社会运用更好的条件，正因为如此，在国外一些学校的心理教育才做得很出色。现在，心理教育在美、日、英、法、俄的一些国家较为发达，在一些发展中国家也有不同程度的发展。如日本对初中、小学的道德教育的项目约40余项，有相当数量的项目是培养人的心理素质的。日本的许多学校还设有专职的心理教师。国外的心理学界对学校开展心理教育明确了这样几个观点：

一是传统的学校教育未能很好地完成社会所需要的心理教育与训练任务，现在，有必要把心理教育列为重要内容。二是人的许多心理机能，如适应力、学习能力、思维能力、智力、创造力、态度、意志、情感活动都是可以教可以学的。思维是一种可以教可以学的技能，这种技能无论对个体发展还是对社会进步都有着非常重要的价值。三是心理测验应该成为提高人的心理机能的工具或辅助手段，在教育实际应用中，运用测验技术对人进行人格及智力、体能的培养，应是实施教育内容的基本依据。四是职业心理学家不能满足广泛的求助需要，加之现代人还有很大的心理潜能尚未开发利用，学校教育有必要设置专职人员，使之成为学生认识自己改变自己的良师益友。这些心理教育在学校应用的基本观点。是心理工作者经过几十年的理论研究与实践探索归纳出的，反映了心理教育在学校运用的基本指导思想，这为我国实施心理教育提供了可供借鉴的经验。

心理学的应用理论与技术发展到现代，有了加速发展的趋势，这主要得益于现代科学技术的运用。从美国兴起的心理教育运动，经过这些年，迅速扩大到欧洲和亚洲。而在国外发展这一应用理论与技术的时候，我国却关闭着自己的大门。直到1985年，在北师大才设立了第一家心理测量中心。心理教育的普及工作至今还在踟蹰着，这不能不引起我们的忧虑。据未来学家预测，心理学是大有可为、大有发展的，很可能成为21世纪一个前沿的带头学科。从发展势头看，许多事实证明，心理学日益成为科学中的“热门”，心理教育成为学校中的“主课”，成了人们生活中应懂得的“常识”。虽然我们不是第一个吃螃蟹的人，但今天我们是否应学会吃螃蟹而且应吃得更好些，因为学习了他人之长的人很有可能超过他人，站在巨人肩膀上的人会看得更远。

第三节　从第五产业的兴起谈心理素质

21世纪末和下世纪最具风采、最为世人瞩目的行业是什么？国际心理学家委员会（1CP）一位负责人说：是第五产业，即心理咨询技术服务，也称心理和事业发展顾问服务。继第一产业、第二产业和第三产业之后，人类社会的飞速发展造成的知识信息爆炸，使信息服务成为当今社会无所不在的第四产业。而由物质文明推动的精神需要以及人类对自身潜能进一步发挥的迫切渴求，将使“心理”这项软因素受到人类历史上从未有过的高度重视，于是就孕育出被称之为跨世纪与事业发展的顾问——第五产业。

第五产业使用的是心理学所提供的技术所要解决的主要问题是人的发展与潜能开发。这种产业实际要生产的是具有现代社会各种素质的人。从第五产业的兴起可以看到：人的素质培养是一项极富现代意义的工作。现代人所需的人才素质除了品德素质、文化素质、身体素质外，还必须要开发心理素质。心理素质是现代社会尤为推崇的人才条件。

一、现代人需要良好心理素质

在天津塘沽新港集装箱码头，有一个吊车班组，大多是20多岁的小伙子，班组长是个受过现代管理理论训练的大学生。其高水平的管理使一台起重吊车每分钟创造着200美元的产值。他的一个管理方法是：反复告诫吊车司机，当你心情不佳时，不要上吊车，而应去花房浇水。这句话的背后，蕴含着深刻的管理思想，即应用心理学的理论进行人的工作情绪调节。举世瞩目的第二十五届奥运会，我国运动员取得了16金、22银、15铜共计53枚奖牌的好成绩，金牌总数名列第四，这说明中国已进入了准体育强国的行列。当总结这次中国体育代表团在巴黎运动会取得成功的经验时，国家体委一位负责人说："运用心理训练是运动员取胜的一个关键因素，我们这几年在训练中专门开设心理训练课，请心理专家讲课，对运动员不断进行个别心理指导，到关键时刻他们才有了稳定的心理素质。"从这两个事例我们可以看出，无论是生产的管理者与被管理者，还是体育的训练者与被训练者，如果能是有良好的心理素质，那就给成功创造了一个积极的条件，现代社会中的现代人，需要达到现代的心理水平。

即便是一个普通人，生活在现代社会，也要具备一定的心理自我调节能力。无庸讳言，现代社会给人带来了幸福，也带来了问题。由于工业化的进程，生活节奏加快，社会交往日益频繁，社会信息量激增，加之城市交通、住房的拥挤，考试、升学、就业竞争激烈，都在不同程度上加剧了人的心理紧张，如果没有一定的心理适应能力是很难安稳地生活的。玩股票者小遇挫折就自杀，考试的学生一经失败就轻生，无不提醒着人们：心理素质差的人，是与现代社会不合拍的人，现代社会中的现代人，需要具有现代的心理健康意识。

二、当代中学生呼唤着心理教育

青少年不是生活在真空里，他们在现代社会也同样遇到了很多心理问题，他们也在呼唤着心理健康。调查表明，当代青少年的心理问题是不少的。在杭州，曾有人对七所学校2961名大中学生进行了追踪调查。三年的调查，得出了这样的结果：青少年随着年龄的增长，心理问题也随之增加，初中生为13.76%，高中生为18.79%；大学生为25.39%；城市学生为13.08%，农村学生占到25.39%；非重点学校学生的抑郁症比重点学校严重。引起大中学生心理障碍的原因主要有紧张症、考试焦虑、父母关系、父母期望、恋爱倾向、异性爱慕、性知识。其中考试焦虑较为突出。调查还得出这样两个分析结论：抑郁情绪会降低心理水平，导致注意力、记忆力、思维能力等方面的心理功能障碍；超常儿童非智力因素也超常。上海虹口区对三所市重点中学321人调查表明，22.86%的学生心理不健康。北京朝阳区十所学校搞的典型调查也反映出学生的总厌学率是22%，其中缺乏自信心的占33%。来自各方面的调查都证明，当前中学生的心理负荷是比较重的，主要负荷有（1）升学负荷，来自学校、家庭方面的压力，千千万万中学生挤高考中考独木桥，把这考试之桥作为就业最佳途径；父母唠叨频繁，学校作业不断加重，学生生活累而紧张。（2）就业负荷，初三、高三年级这种负荷表现突出。考不上大中专，直接就业怎么办？考得不理想怎么办？学生们忧心忡忡。(3)情感负荷，主要来自父母及男女同学之间。父母过去包办孩子的一切，一旦减少或消失，就很不适应。男女生异性间的朦胧意识得不到师生理解社会承认，心理也很不平衡。(4)社会负荷，这包括人格方面的：希望社会对他们多理解尊重；信念上的：希望社会中的矛盾应该解决，缩小学校要求与社会实际的差距；教育方试上的：希望用心理咨询、协商谈心、开展竞赛等方式教育他们，但现状却不尽如人意，因此而苦恼。(5)寻求自立的负荷，在自我意识增强过程中很想独立，到社会闯荡一番，但成年人往往不理解，因之而苦恼。(6)交际需求的负荷，社会人情风影响着学生，他们模仿大人抽烟、跳舞、搓麻、下馆子、游玩，但又无经济来源，因当伸手派受制约而心情不畅。凡此种种，中学生心灵在呼喊，教育者应该为他们排忧解难，架设起一座帮助他们身心健康成长的心灵之桥。

总之，现代社会要求人们要具有包括心理素质在内的各种适应现代生活要求的良好素质，当代中学生的心理问题比较突出，如果这个问题不解决，今后他们走上社会，是很难适应激烈的社会竞争的。学校教育要开展心理健康的培养工作，已成了一项不容忽视的教育内容，为此，中学教育工作者应该承担起心理教育的责任。

第四节　学校开展心理指导的思路

在中国革命史上，曾发生过一幕这样的悲剧。抗日战争期间，我军有一位以照像机为武器的战地摄影记者沙飞。这位新闻工作者为我国的抗日战争留下了大量珍贵的历史镜头，成绩斐然。但后来他因过度紧张而神经失常，在一次犯病中开枪打死了一个医生，而被华北军区军法处处以死刑。可以与之对照的另一起公案是：在美国，曾有一个青年开枪打伤了美国总统里根，由于心理医生开据了此人神经失常的证明而免于起诉。美国人认为，有精神病的人违法该送的地方是医院，而不是监狱。相似的案情，截然相反的判决，究其原因，与心理科学的普及应用有着直接的关系。

心理科学发展到今天，再发生像沙飞那样的冤案是不能原谅的。但在现实的教育生活中，因心理科学掌握不够，普及不够而产生的错误观念与行为还是经常发生。有的教师往往把学生的孤独感说成是脱离集体，把性格内向说成是不暴露思想，把焦虑情绪说成是患得患失，把由于心理缺陷或心理疾病而引起的不稳定行为看成是故意破坏课堂纪律，把因考试焦虑等原因引起的学习困难当作学习态度不端正，如此等等。这种把学生心理问题一概当成思想问题来看待，采用思想政治教育的方法来解决，自然是不能有效解决问题的，也难免不会出现教育的“冤案”。要防止这样的问题，就要提高育人者的心理科学理论水平，就要建立心理教育的工作系统，从心理学角度认识学生，对青少年实施心理素质培养，把心理教育引入学校，使之成为一项严肃的科学施教的内容，使教育工作者有一个系统的教育思路。

一、纠正认识偏差

当我们以心理科学的方法认识学生时，我们就会发现，过去我们的教育存在着这样那样的偏差，注意的主要是学生知识的增长和生理变化，而把心理问题放到思想政治问题之中了。这无疑会使教育走进误区。这种认识问题的偏差在心理科学不发达的情况下是可以理解的。现在，人们已经走出了这个误区，开始从心理角度来全面认识学生了。仅以研究青春期心理变化为例，人们就用各种概念来表述其心理的关键期：美国、日本称之为违抗期、危险期，德国称之为狂飚期，俄罗斯称之为困难期，我国台湾地区称之为青黄不接期，我国大陆则称之为心理断乳期。人们一经对青少年心理有了科学的认识观时，就会从狭隘的认识中解放出来，就会从心理角度认识学生，而不把心理问题放到思想政治问题上来对待了，就会懂得，处在青少年阶段的学生，十之八九生理会日趋成熟，而十之八九心理却并不成熟，人生再没有比这一时期更需要心理教育的了。

什么是心理教育呢？心理教育是教育者通过对受教育者进行系统的心理辅导，使之能认识自己、悦纳自己、控制自己、发展自己，使受教育者能在生活、学习、前途、择业等问题上取得良好适应性，最终达到心理的成熟与健康的教育。对中学生进行心理教育，其内容一般要在以下五个方面作出安排：一是生理心理的辅导，包括青春期性知识教育、青春期审美指导以及青春期心理健康保健辅导等。二是情绪调节辅导，包括情绪问题的认识、调节方法，磨炼指导等。三是人际交往辅导，包括人际交往的一般知识、青少年易发生的主要问题、交往的社会性要求及技巧等。四是学能开发的辅导，包括学习心理教育、智力开发的方法、学习问题的克服等。五是升学就业的辅导，包括认识自身能力、性格、兴趣，认识职业的意义、环境特点、发展趋势、职业准备及选择等。这五个方面的内容，构成了心理教育的基本框架。

二、心理教育的特点与功能

与传统的思想政治教育相比，心理教育系统是有其自身特点的。在学生观上，前者认为学生的成长总是有着恶或易恶相陪伴的；后者则认为学生本性是善的，是有潜能的，心理教育是很强调人性化的教育关系的。在教育目标上，前者树立的是一个高层次的同一的榜样模式，即三好学生，尽管最后能达到的人只是少数，但却要对大多数人进行培养；后者则考虑到学生的个性差异，以每个人身心正常发展为目标，使学生能力所能及地发展自己。在教育内容上，前者侧重的是认识社会的政治、经济、文化，完成的是社会政治教育所指方向性的教育内容；而后者则是侧重认识自己，认识自己的需要，评定自己的潜能和解决自己的问题，通过调整自己适应社会、学校、家庭，完成的是为选择个人方向提供心理服务的教育内容。在具体方法上，前者以教师讲的为多，以公开的教育形式为主；后者则是教师要先听，主张沉默是金，以个别教育的形式保密地进行。这样说绝不意味着心理教育与传统的思想政治教育有着截然的区别，实际上它们的联系是很密切的。对中学生的教育是个立体结构，他们的成长需要是有多层次系统要求的，把二者截然分开，相互否定排斥是错误的。

心理教育的功能主要有三个，一是发展和预防功能，即通过对学生进行心理科普教育，使他们认识自己、发展自己，懂得预防心理问题和培养自己的心理素质。二是鉴别与辅导功能，即帮助学生认识发生的心理问题，并能掌握一般的心理调节方法自我矫正或求助解决。三是论断与治疗功能，即尽早发现鉴别个别学生的心理疾病或严重的心理障碍，及早帮助他们去医院专科门诊治疗。这三大功能的发挥对教育工作者提出了不同的责任。发展与预防是对全体学生而言的，需要全体教职工合力教育：鉴别与辅导是对部分学生而言的，需要班主任和心理专职人员配合完成；论断与治疗是对个别学生而言的，需要心理专职人员来承担责任。

有了上述心理教育的系统认识思路之后，教师就可以着手在心理教育的目标、原则、内容、途径与方法，在心理教育所要求的教育者的素质上，全面入手进行研究，并开始设计自己的心理教育的基本内容了。

第五节　可供借鉴的心理科学理论

心理科学从一产生就是一门应用性很强的学科。但在我国，心理学在过去却仅仅活跃于高等学府和研究所内，心理科学普及与应用很不广泛。这种情况既不利于我国心理科学的发展，也影响这门科学的社会效益。现在，心理科学工作者们开始注意到了这个问题，一些教育工作者也开始运用心理学理论指导青少年的成长，这是一个可喜的变化。

对广大教育工作者来说，要对青少年开展心理教育，首先要掌握心理学的基本理论，为教育应用创造条件。心理学理论的学习过程，是一个汲取中外心理学精华的过程。国外一些国家的心理科学水平是比较高的，学习借鉴各国心理科学的成功经验，对提高教师的心理学理论水平是非常有益的，在我国心理学理论研究比较落后的情况下，这种学习显得尤为重要。心理学的理论流派在国外有很多，但对普及与应用心理学影响比较大的主要有三种，即精神分析学、行为主义心理学、人本主义心理学。

一、精神分析学

它又被简称为“意识与无意识”、“泛性论”。精神分析也叫心理分析，是由奥地利精神病医生弗洛伊德创立的一种理论和方法。精神分析试图通过分析人的精神活动来发现人的行为的动力，找出那些隐藏在精神活动背后并且起决定作用的东西。弗洛伊德认为，这个东西就是人的无意识。精神分析方法的立足点认为，心理疾病的根源在于童年期发生的心灵创伤和冲突被压抑进了无意识，这就造成了人们内在冲突和焦虑的根源，导致了各种精神症。而要治疗心理疾病，就要解除个人的焦虑负担，使那些被压抑在无意识中的东西回到意识之中，使患心理疾病者意识到问题的根源，这样就可以减轻或消除他们的精神症。

弗洛伊德使用了四种技术使无意识的东西进入自觉意识：自由联想、梦的分析、抗拒分析和移情分析。前两种方法是：即使被治疗的心理病人自己所想到的一切，不论看起来它是如何使人窘迫，也要将人的无意识的东西引入意识中。在意识到的基础上，再让他们学会运用自我理智，解决自己的问题。抗拒分析是消除患者不能或不愿说出自己过去生活的某些方面的抗拒心理，让其暴露无意识，进而指导问题的解决。移情分析是要心理医生与心理病人之间确定强烈的情绪关系（称为转移），利用这种关系来解决心理问题。

弗洛伊德之后，许多心理学家继承和发展了弗洛伊德的理论，将分析重点从患者生活中的过去事件，转移到分析患者现在处的环境的意识和情绪上，认为这才是造成心灵创伤和冲突的原因。弗洛伊德学派后来又分出许多分支学派，至今在国际上还有着广泛的影响。其基本理论观点与心理治疗技术对我们开展心理教育，还是有许多可供借鉴之处的。

二、行为主义心理学

也称行为主义，是20世纪20年代由美国心理学家华生创立的学派。行为主义认为心理问题包括行为异常都是学习而得的，因此通过强化训练也是可以改变的，其理论体系的主要观点是：（1）主张心理学为自然科学的一个纯客观的实验分支，以行为而不以意识作为研究对象。（2）摈弃以内省法为心理学的主要研究方法，代之以客观观察法。（3）认为有机体行为的共同因素是刺激（S）与反应（R），因而SR公式是解释行为的基本原则。（4）主张在客观心理学体系内，彻底废除一切因袭的主观性名称，代之以客观行为术语。如称感觉为辨别反应，情感为内脏反应，思维为无声语言，人格为一切动机的总和等。

华生的思想曾在中国发生过重大影响，其行为的五种治疗方法：积极强化、消退、厌恶条件反射，系统脱敏和模仿，至今仍为心理专职人员用来解决心理问题。

三、人本主义心理学

这是研究人的本性、关心人的价值和潜能、解决人类的有关问题的心理学派。20世纪50至60年代兴起于美国，在西方被称为心理学中非行为主义和非精神分析传统的第三种力量。主要代表人物有马斯洛，罗杰斯等。人本主义心理学家认为，弗洛伊德等人对心理的研究是不正确的。弗洛伊德探讨人性时采用的对象是神经症、精神病人。他只注意到人性的病态和不正常的一面，而不注意正常的一面；只注重情绪障碍而不注重健康个性；只注重人性中黑暗的一面，而不注重光明的一面。马斯洛认为心理学应该研究最好的、健康的成熟人，并且相信所有人都有形成健康个性的天生倾向，都具有达到心理健康的先天素质，即成为“自我实现的人”的倾向。因此帮助在发展过程中出现了障碍人的最好方法并不是给以各种指导和训练，而是帮助他分析问题，自己找到解决的方法。罗杰斯所创造的“来谈者中心疗法”，就是典型的人本主义非指导性的方法。

人本主义心理学在我国也有相当的影响。如马斯洛的需要层次论、罗杰斯的人的潜能开发等，经常为人们所引用，其心理调整方法也是有可供借鉴之处的。

在我国，还没有自己的哪一种理论，能如上述三种理论那样有广泛的世界影响，在国内也没有哪一个心理学派有绝对的权威地位。但我国对上述三种理论的研究、介绍却是做了不少工作的。尤其是广大心理科普工作者，写了大量的心理学普及读物。这为教育工作者开展心理教育创造了很好的条件，教师应该在了解心理学的基本理论的基础上，更多地掌握一些心理学的普及知识，为开展心理教育作好知识准备。

第六节　心理健康的标准及其培养途径

心理教育的目的是要使人达到健康的心理水平，这就有一个心理健康的标准问题了。这个问题是伴随着心理卫生学科的发展而提出的。心理健康问题亦称心理保健或心理卫生，是研究维护和增强心理健康的原则与方法，提高社会适应能力的一门学科。这是一个世界性的研究课题。心理健康的标准问题是这个课题中的一个重要内容。

1908 年，美国耶鲁大学学生贝尔斯写了《一颗自我发现的心》一书，揭开了世界性的心理卫生运动的序幕。这之后，1909 年成立了“美国全国心理卫生委员会”。1930 年在美国华盛顿举行了第一届国际心理卫生大会，并成立了“国际心理卫生委员会”。20 世纪 30 年代，中国曾成立“中国心理卫生协会”，20 世纪 40 年代停止活动，到 1980 年才重建并恢复活动。伴随着心理卫生运动而发展起来的心理卫生学科，着重研究的是两个问题：一是健康的心理状态的标准，二是人际关系和行为反应的适应性。心理卫生的标准问题，是心理教育首先要研究解决的问题。

人的生理和心理是密切联系着的，正如人们常说的“体健神爽”，“心宽体胖”。要研究心理卫生标准问题，首先要弄明白什么是健康。世界卫生组织曾给健康下过一个定义：“所谓健康，不仅在于没有疾病，而且在于肉体、精神、社会各方面的正常状态。”这个定义反映了身体健康和心理健康的密切关系。讲究心理卫生的目的就是要保护和促进心理健康，使之和身体健康相一致，两个方面并驾齐驱，相得益彰，成为一个健康的人。身体健康可以用医学技术来衡量，那么什么是心理健康的标准呢？

一、心理健康的标准

对于心理健康的标准问题，有着各种各样的表述，目前尚无一致的定义，但均认为，心理健康应能显示出有机体的功能和效力，表现出积极性、创造力、人格统一、个性化等。这是一种合乎某一水准的社会行为，一方面能为社会所接受，另一方面能为本身带来快乐。我国心理学界经过研究，把心理健康的标准归为以下七点：

（一）与年岁相符。如青年不能缺乏朝气，所谓少年太老成，也不能像儿童那样喜怒无常，好吵好闹，与青年期相悖。

（二）与别人相似。这是指与同龄人相比有共性特点。因为从本质上说，一切健康的心理和行为，最终都是从众的。

（三）善于与人相处。与人相处要在三方面处于良好状态：认识、情感和行动均能适应人际交往要求。

（四）善于适应环境。能调整适应环境是心理健康的重要标志，当人们不能改变现实时，应该能用理智的办法改变自己，接受现实。

（五）乐观进取。无论身处顺境还是逆境，都处于稳定的情绪状态，精神乐观，进取不止。

（六）适度的反应。对外界的刺激保持一定的反应，既不过强，如小题大作；也不过弱，如很难动心。

（七）懂得变是永恒的。接受外界的变化，自己能勇于追求，也能接受别人的意见，使自己不断改变。

二、心理健康的途径

所谓途径是要达到某一标准所必须采取的或可供利用与选择的组织形式和活动形式。对中学生实施心理教育，必须要开辟各种途径，多渠道地进行工作。心理教育的途径是形成中学生健康人格的保证，经过心理教育工作者的实践总结，概括出了有助于培养良好心理的七个方面：

（一）要成为心理健康的人的先决条件之一是要能够让他们有这样一种情感体验，即在与人的相处中，保持热情友好的关系，使之能产生积极的自我情感。

（二）在某些时候让其独处似乎也有助于心理的健康，有助于中学生的成长发展，在静思中他们可以进一步理解自己的人格。

（三）要促进中学生的心理健康，就要创造条件让他们在社交、学习、生活追求等方面取得成功，成功的体验对中学生来说，是至关重要的。

（四）要使中学生不断接触新的思想，新的哲学观和新的人格，通过观赏戏剧、音乐，通过旅游、结交朋友等途径促进信息交流。

（五）要让中学生找到能充分表达情绪的方法，这对维护他们的心理健康是很有益处的。当遇到挫折时，不要自我疏远，而要经受那些基本的人类情感的考验。

（六）逐步提高中学生的独立程度，这是使中学生成为健康人的又一有效途径。要使他们多承担责任，这有助于增强人的独立性。要使他们能给别人以温暖，一个对周围的人送出关怀的人会得到大家的赞扬，从而感受到人格独立的自豪，形成健康的心理。

（七）促使中学生达到自我实现，即帮助他们学会更人道地与人交往，并在这交往的成熟过程中逐步发展起自我实现的意识，在集体中自觉锻炼，使人生的每一发展阶段都能迈出正确脚步。

以上七个方面是从心理体验的角度来研究怎样实现人的心理健康。学校在组织实施过程中，要把这七个方面渗透到学校教育组织的方方面面，形成一个心理教育途径网络，如可以通过这样一些工作途径体现上述七个方面的要求：

第一，开设心理教育指导课，普及心理科学知识、开展心理保健，行为训练指导等。

第二，设立心理咨询室或心理求助信箱，配备懂心理学、教育学、社会学、伦理学的科学知识，又有一定教育经验的心理咨询员对学生进行个别咨询指导。

第三，在学科教学中加强心理健康教育指导，如在政治、语文、历史、地理、体育等课程中都有显性或隐性的心理健康的指导内容，应该重视恰到好处的利用。

第四，把心理教育和班校会教育的其他内容结合起来，使班校会内容更加充实，又有利于解决中学生迫切需要解决的问题。

第五，要对家庭教育进行心理保健知识的指导，广泛利用社会心理教育服务机构，如向学生介绍心理咨询热线电话，在学校设电话供学生使用等，形成心理教育的合力。

第六，利用学校宣传条件进行多种方式的心理保健知识宣传，如专题讲座、广播、墙报、板报等，都应有心理教育的内容或栏目。

第七节 心理指导的基本原则

心理教育的原则是教育者对中学生实施心理教育时，必须遵循的基本要求，是处理心理教育过程中发生的一些矛盾和关系的基本准则。心理教育的原则是运用现代心理学的基本原理，并联系到教育学、社会学、伦理学等学科的有关原理，进行理论概括而确立起来的。同时，心理教育的原则又是心理教育实践经验的总结，是心理教育规律的反映。由于心理教育和其他德育内容密切相关，因此，思想品德教育的一些基本原则，在心理教育中也是可以适用的。但心理教育毕竟有其特点与独立性，所以也就必然会有自己特定的原则。这些原则也如社会教育学科的其他原则一样，不是凝固不变的，它将随着心理教育实践的发展和人们对心理教育客观规律认识的加深而日益丰富和发展。贯穿于心理教育始终的基本原则有如下几条：

一、理论指导性原则

理论指导性原则是心理教育的首要原则。坚持这一原则，就是要运用心理科学的基本理论，接受能力以及心理教育的任务，为中学生安排心理科普教育，通俗地给学生讲解心理知识，指导学生把这些知识充实到自己的认知结构中，为良好的心理品质奠定认识的基础。心理科学的普及现已发展到了这样的水平：大众读物日渐增多，声像教育制品也已出现。这为教育工作者开展心理理论指导创造了必要条件，教师可以参考科普读物对中学生进行心理知识的教育，也可以组织学生自学，教师给以辅导。有了一定的心理学知识，师生之间就有了相通的教育语言，就为教师提出进一步的教育要求提供了思想保证。

二、社会性原则

心理教育以其个性化教育见长，但却不能停留在个性教育上，而要把个体引向社会。社会性原则就是要求教育者要从社会化的角度考虑个性化心理教育，使之与社会规范相吻合，使学生的个性心理与社会要求相融相通。在心理教育中，教师要注意个人与社会、个性与社会性关系的指导。要让学生懂得，认识自我不是唯我教育，心理学所说的发展自我与片面强调自我设计、自我实现是有区别的。认识自我与发展自我的心理教育如果脱离了社会化的轨道，则有悖于心理教育的社会性原则。

三、适度性原则

适度性原则包含有四个方面的含义。一是心理教育使用的教育材料的选择要适度。在纷繁复杂的论著及读物面前，教师要有一个对学生负责的选择标准，不经分析与择取的照搬照用心理知识，不但不利于学生心理素质的提高，反而会误人子弟，甚至会消弱德育其他方面的教育功能。二是心理教育理论的教育要适度。如果不顾教育对象的特点及教育面临的任务，用大量的心理术语生硬施教，是不正确的。正确的方法应是以让学生理解消化为目的，进行理论指导。三是对青春期性心理的教育要适度而不过度。对中学生必须要进行性心理教育，但要掌握分寸，不能同婚姻指导相混。青少年的生理心理发育是由不成熟走向成熟，在身心发展的各个年龄段，都应进行恰当地指导，不足与过量都是不利于他们的成长的。四是对心理教育的作用力要有适度的估计，其教育影响力是有限定性的。不要把心理教育的期望值估计过高，以为心理教育可以解决一切问题，这只能是不切实际的幻想。作为德育的组成部分，心理教育与德育的几个内容是相互补充的；对心理教育的作用的估计既不可过低，也不能夸大，要适度。

四、预防性原则

在普及心理科学知识的基础上，要根据中学生经常发生的心理问题及早提醒学生引起注意，防止出现心理障碍。预防性原则是建立在学生的心理问题的发生是可以调查清楚基础上的。这就要求教育工作者要认真研究学生的身心发展规律及年龄特征，研究学生的成长环境及个性特征，研究社会的信息变化，以便于能预见学生可能会出现的心理问题，随时掌握学生的心理变化情况，实现心理教育的超前性和及时性，也可以保证因材施教，把问题解决在未形成危害学生身心健康的前面。

五、交友性原则

开展心理教育，要求教师要以学生的益友身份出现，在心理教育关系中是强调淡化教育者的角色的，这是为了创造一种融洽和谐宽松的气氛。心理教育要保证效果，不同于其他学科的授课，心理教育能否发挥作用在很大程度上要取决于是否建立了朋友关系。因为心理教育是一种攻“心”艺术，学生能向教师敞开心扉，教育才进得去，朋友关系可以实现思想相通，这就为教师向学生提供有效帮助创造了条件。交友性原则是心理教育区别于其他教育的重要标志之一。

六、因人施教的原则

在考虑到学生一般心理规律的同时，要重视个别心理问题的指导帮助。由于学生的心理特点与发展背景各有差异，因而教育不能只考虑一般性，不能用一种固定的模式去套学生，而应该把一般性心理普及教育与个别心理指导相结合，适情、适时、适人地开展教育工作。心理教育尤为强调个别教育指导，是区别于其他教育的又一特征。

七、保密性原则

要确保学生接受心理教育的信任感、安全感，对学生所谈问题给以必要保密。由于心理教育的特殊性，学生常常会把心理问题向老师坦诚相告，也只有学生把心理问题真实地说出来，才能开展有效的心理教育。教师要坚持这一原则，先要向学生反复作宣传，同时要有心理教育的纪律性，绝不可以把学生真实的表露不适当地公开，也不宜藉此予以纪律处理，而要在一定范围内保密。否则，不仅会破坏心理教育关系，还可能给学生造成新的心理负担，反而影响了学生的心理健康。

八、调节与治疗相结合的原则

心理教育特别强调教给学生心理自我调节的方法，特别强调创造良好的心理调节环境。可以通过开展形式多样、生动有趣的集体性的心理教育活动来为心理调节创造条件。如心理实验的演示、讲述心理故事、玩交际扑克、搞角色扮演游戏、做音乐心理保健操等等。心理教育也很重视必要的心理治疗。对比较严重的心理疾病，教师要动员学生去看心理医生，也可以在心理医生指导下，由掌握一定心理咨询理论与方法的教师来完成。只有把积极的调节与保守的治疗结合起来，才能有效地做好学生的心理教育工作。

第八节　心理指导的具体任务

开展心理教育，给教育工作者提出了新的工作任务。教师应该成为学生的心理保健医生，满足中学生心理上的正常需要。要教育学生掌握必要的心理学知识，建立心理发展目标，发展积极的情感，形成良好的个性品质。要承担起心理咨询的责任，帮助学生适应学习生活，增强心理承受力与耐挫力。要注意预防心理疾病，随时消除对学生心理的不良影响因素。对学生已表现出来的某些心理病态要给以必要的指导和心理治疗。为了落实上述任务，教师应该在以下几方面积极开展工作。

一、普及心理知识

教师要有计划地对学生进行心理学知识的教育。只有中学生有了一定的心理学知识储备，才能在行为上对其进行要求。要让学生懂得心理是感觉、知觉、记忆、思维、情感、意志、性格、意识倾向的总称。教师要帮助学生认识各种心理现象，既要能够从认识过程、情感过程、意志过程等动态表现形式方面认识，也要能够从具有个人特点的稳定的心理倾向与心理特征方面认识。教师要向学生介绍青少年的生理心理特点，介绍情绪特征、人际交往知识、学能开发的心理学依据，根据个性心理特征选择职业方向的常识，等等。要把握住心理知识传授的基本要求，即不是搞纯理论灌输，而是进行行为指导的普及。因此，要做到深入浅出，明白即可。要结合学生的经历、生活体验，运用生动活泼的教育形式，使学生保持浓厚的学习兴趣。

二、建立心理目标

心理目标的建立是为了使教师保持明确的工作方向，使学生有心理追求。心理目标的确立不是单一的，也就是说，它是学生品德结构中的一部分，应该与人的道德理想追求相一致。当然，心理目标的确立也有自己的内容。如社会角色适应，人格追求志向，智力发展要求，等等。在人生理想追求中包括心理目标，其落脚点应该是指导学生建立人生目标，在人生观的形成过程与教育过程中，实现心理目标。人生观属于人的意识领域的范畴，它的形成必然包括许多心理成分，如对社会的认识，价值观念、理想、意志、感情，等等。这些成分都关系到人的心理发展。比如：个体对社会及其发展规律的认识，是形成人生观的认识基础，这一认识基础是心理健康发展的条件；再如，理想是人所向往的目标，信念是一种为实现理想而奋斗的坚定的意识倾向，理想与信念的确立，既是人生观确立的保证，也是建立心理目标所不可缺少的动力。由此就决定了教师指导学生建立心理发展目标，既要从人生观、理想、信念方面入手，也要在心理发展目标上侧重，使人的理想追求达到和谐。

三、开展心理咨询

心理咨询是通过语言、文字等媒介，给咨询对象以帮助、启发和教育的过程。通过心理咨询，可以使咨询对象对自己和对环境有一个新的清楚的认识，可以帮助咨询对象对自己作出正确判断选择，改变不利于自己的态度和行为，达到对社会生活的良好适应。咨询对象一般是偶发心理障碍的正常人或有轻度心理失常的人。对中学生来说，心理咨询的主要内容有学习问题、青春期困惑和烦恼、人际关系方面的疑难等。此外还有内心空虚、失眠、抑郁、强迫症等。开展心理咨询常用的方法有三种：心理分析咨询、以咨询对象为中心的咨询以及行为改变咨询。常用的心理咨询形式有：个别咨询、群体咨询、门诊咨询、书信咨询、电话咨询、宣传咨询和现场咨询。对中学生开展心理咨询，是很受学生欢迎的，这种形式是学校德育不可缺少的必要的补充。

四、锻炼心理耐挫力

每个学生在自己的成长过程中，都会遇到这样或那样的挫折，挫折感伴随着人的一生而存在。心理挫折是人在通向理想目标的道路上遇到自己难以克服的阻碍时所产生的一种沮丧、失意、空虚、紧张、愤懑的心理状态。其产生的内部原因主要有自身条件和动机冲突，外部原因如环境和政治、经济、道德、风俗习惯等的限制。对心理挫折的感受力因人而异，一般来说，忍受力强的人挫折感浅，忍受力弱的人挫折感较深。此外，目标的主与次，抱负的高与低也对挫折感有不同的体验。人遭到心理挫折时，首先是情绪反应，然后转化为行动。它可以使人沉沦，也可以催人奋起。教师要用多种方法锻炼学生的耐挫能力，在锻炼中消除他们的消极反应，鼓励积极的反应。这种锻炼应以思想教育为先导，以行为磨炼为条件，以必要的情绪释放渠道作补充，通过多种形式的锻炼，使学生消极的挫折感转化为积极的进取心。

五、解除心理障碍

心理障碍是与心理健康相对的、由不良刺激引起的心理异常现象，即在心理活动中出现的轻度创伤。它属于正常心理活动中的局部异常状态，不是经常的而是偶发现象。如学校中的学习障碍，学生在考试临场情绪过敏性紧张、情绪淡漠、感觉反应迟钝、健忘，以及临场情绪异常等。心理障碍若频繁出现，或持续时间很长，就可能成为心理失常。

心理障碍的发生是比较普遍的，在现代社会生活的人都会发生这样或那样的心理障碍。

教师要作解除学生心理障碍的指导者与保健医。

首先在教育工作中要为解除障碍创造条件，防止因教育不当给学生带来心理问题。

其次是指导学生提高耐挫力与找到克服障碍的积极办法。

再次是形成这样一种教育关系：当学生有心理障碍自己一时无法解脱时，能乐于找到教师或家长求助，或能到社会咨询机构请教。

心理教育的上述任务是要预防各种心理问题，促进学生心理健康。概括说是要形成三级预防网络：

一级预防是提高中学生心理的稳定性，提高耐挫力。

二级预防是早期发现及时治疗轻度心理障碍问题。

三级预防是通过系统的治疗，消除心理严重障碍。

在这三个方面教师都要担起教育者的职责。

第九节　中学生主要心理障碍及其消除方法

一、心理障碍的表现

中学生易发的心理障碍主要表现在以下四个方面：

（一）学习障碍

因智力迟钝、感知或运动障碍、情绪和行为发生困难以及社会教育不利因素所造成的学习上的失败。其表现有：感觉障碍（感觉过敏、感觉消退或消失、感觉倒错、感觉迟钝）；知觉障碍（发生错觉幻觉）；记忆障碍（识记障碍，保持障碍、回忆和再认障碍、病理记忆障碍）；思维障碍（抽象概括过程障碍、联想过程障碍、思维逻辑进程障碍）；想象障碍（缺乏创造性想象力、想象力贫乏、沉湎于幻想）；注意障碍（注意程度的障碍、注意范围的障碍、注意稳定方面的障碍、注意适度方面的障碍）；智力障碍（愚鲁——轻度智力低下、痴愚——中等智能低下、白痴——严重智力低下）；自我评价障碍（自我评价过高或过低）。

（二）人格障碍

从童年或少年期开始的有可能持续终生的显著偏离常态的人格。其主要表现是：有紊乱不定的心理特点和与人难以相处的人际关系，如偏执怀疑、自我爱恋。把自己遇到的一切困难都归咎于命运和别人的错误，而对自己的缺点却无所察觉，也不改正。认为自己对别人不负任何责任，对自己的一切行为都执意偏袒与辩护。在任何环境中都表现出猜疑、仇视和偏颇的看法。

（三）人际交往障碍

在人际交往中不能同周围的人发生、发展并确立良好的交往关系，常因人际交往失败而使自己陷入不良情绪中。人际交往障碍主要有：不知人，黯知己，即缺乏对自己和他人的了解。害羞，即在交往中过多约束自己的言行以至阻碍了人际关系的正常发展。孤僻、不随和。自卑、缺乏自信。角色固着、不知变通。顾虑，对人过于谨慎。敌对，讨厌他人，讨厌人生，总提防他人。封闭，交往圈子狭小。干涉癖，爱打听和干预别人的私事。强迫癖、强加于人。

（四）行为障碍

主要发生于儿童及少年期的行为异常，既不是躯体疾病或缺陷的继发情况，也不是某种特定精神疾患的症状表现。通常包括以下几种情况。一种是不良习惯动作。如吃手指，咬指甲，咬衣襟，习惯性抽动痉挛等。第二种是心理行为偏异。如遗尿、功能性大小便失控、偏食、厌食、夜惊、噩梦、睡行、口吃等。第三种是儿童及少年的习惯性品德不端行为，如经常性说谎、逃学、偷窃、打架、破坏公物等。第四种是儿童多动症。

二、心理障碍的消除方法

心理障碍的消除方法是指为解除中学生的心理障碍而采取的矫正与治疗的方式和手段。心理障碍的消除方法为积极的教育方法与保守的调节治疗方法两种。积极的教育方法：应运用学校德育工作的各种教育方法，为学生形成良好心理创造正面系统教育条件，增强心理病患的免疫力。运用积极的教育方法是把心理教育蕴含在德育各种方法之中，这些方法主要有：说理教育法、个别谈话法、榜样示范法、实际锻炼法、情感陶冶法、修养指导法等等。这些方法可以对学生的品德形成与发展起到积极作用，也同样可以为学生的心理健康教育提供动力。学生的品德水平越高，其心理水平也会相应提高，这是一种成正比的依赖关系。

第十节　做中学生的“心灵美容师”

人们说，教师是太阳底下最神圣的职业，其神圣之外在于她是人类灵魂的工程师。对中学生开展心理教育，又给这神圣的职业加上了一道光环，人们称心理工作者为“心灵美容师”。崇高的赞美在于职责的崇高，开展心理教育，给教育工作者在职业道德、知识结构以及心理品质上提出了有别于其他教育的素质要求，教师只有具备了开展心理教育的基本素质，才能胜任培养中学生良好心理素质的工作。

一、心理教师要有高尚的职业道德

开展心理教育，要遵守心理教育提出的规范要求和心理教师的职业道德。

（一）心理教师要有敬业精神——敬心理教育之业

心理教育在中国是一个尚待开垦的处女地，有志在中国心理教育沃土上当一名拓荒者的教师应该对这一工作有兴趣，有信心做好这一工作。敬业乃授业之先，一个不喜欢所干事业的人是很难把它干好的，在心理学的发展史上，有许许多多有名者和无名者为心理科学的研究、普及奉献了他们的一生。今天，一名有志于开展心理教育的教师，应该在已有的教师职业道德里面，融入心理健康教育工作的规范，热爱心理教育工作。

（二）心理教师要注意保护教育对象的特殊利益

开展心理教育，不同于传授文化科学知识，也不同于强调行政手段的德育管理。心理教育是要帮助学生获得心理上的正当需要，发展学生的积极情感，形成良好个性；是要帮助学生适应生活，消除各种不良影响，预防精神方面的各种疾病，并对学生表现出的某些心理病态进行必要的调节治疗。

这就有一个从心理角度理解受教育者的特殊利益问题。如怎样尊重学生的正常心理需要，怎样实现与学生的心理相融，怎样照顾学生的个别心理差异，等等。

（三）心理教师要钻研心理教育方面的业务

当一定的教育内容确定之后，教师对所教内容钻研的深浅，将关系到教育的效果。对中学生开展心理教育，同样要认真备好课，要提高教育素养，讲求教育方法的艺术性。如果教师不具备这方面的业务能力，经常使用一些违反心理规律、打击学生个性的手段，如强制、恐吓、训斥、漫骂、压抑、体罚等，就会严重地伤害学生的心理，甚至会引起学生心理的紊乱和障碍，影响他们的身心健康。因此，教师要防止跌入教育误区，要掌握心理保健常识，切莫以其昏昏，使人昭昭，有害学生心理健康。钻研心理教育的业务，就是为了保证使学生身心和谐发展的教育任务顺利完成。

二、心理教师的知识结构要全面

对学生开展心理教育，要求教师必须具备一定的心理学及相关学科的知识，以利于准确灵活地开展心理科普工作，并能对不同心理状态的学生进行心理鉴定，拟定心理保健措施。教师心理知识结构愈全面，就愈能采用更有效的心理治疗方法和行为矫正技术。教师只有具备了广博的心理科学知识，并有一定的心理治疗能力，才能有条件开展心理教育。如果教师是个“心理文盲”，孤陋寡闻，知识狭窄，就无法满足中学生的心理要求。

心理教师应该成为学生心理健康成长的导航人，应该要求自己既具有心理专家的专业能力，又具有闻道广博的杂家水平。为此心理教师的知识结构应是全面的。

教师要掌握一些哲学知识，以利于对学生进行宏观哲学思想的指导；要学习点社会学，以利于对学生进行社会化的教育；要比较熟悉教育学，以利于对学生的全面发展的培养；要钻研心理科学理论，对利于做好学生的身心保健工作。教师只有具备了适应心理健康教育的全面知识结构，才能融哲理、世理、道理、心理、医理为一体，高水平地开展心理教育。

三、心理教师要有优秀的心理品质

只有教师具有良好的个性心理素质，才能培养学生的良好心理品质。为此，教师要尤为注意抓好自己的心理保健工作。

人的身心是个统一的整体，身体与心理是互相联系、互相影响的。一位颇有名望的医生说过，从现代医学的观点看，没有一种病是纯生理方面的，当一个人生病时，就是他整个的人病了。教师应该十分明白这个道理，在实际工作中，既要增强身体素质，又要培养良好的心理品质。那种不讲心理卫生，不注意心理健康的生活方式，应该摒弃。从对学生心理保健角度看，教师更应注重培养自己为人师表的心理品质。

教师要从心理过程和个性心理方面提高自己的心理素质。这方面的要求是比较广泛的，包括培养敏锐的观察力、良好的记忆力、丰富的想象力、创造性的思想和坚强的意志；教师要有执着追求美、鉴赏美、表现美、创造美的情感，有高尚的情操、气节；要有坚强、刚毅的意志品质，支配、控制、调节个人行为，以符合社会需要和社会道德规范；要合理地追求个人需要，兴趣要广泛，理想应远大，视野须开阔，创造求多样；教师要乐于合群，善于交往，正确对待生活中的紧张事件，正视挫折，增强挫折耐受力，要积极乐观，笑口常开；要培养自己良好的行为模式和人格类型，战胜自己随着年龄增长在各个时期所遇到的烦恼，做个心理健康型的人，以自己无声和有声的行动与语言，塑造中学生美好的心灵。

第三章 教 学

第一节 教材的智力价值

每当我们听到别人说：教师一周上十几节课颇为轻松，或说教师上课不过是向学生重复前人创造的知识而已之类的话时，就会为他人对教师职业的不理解而遗憾。教师是一种极富创造性的职业；上课在教师的教学中占着中心地位。虽然教师一般一周只上十几节课，但是为了这十几节课，他所付出的劳动是巨大的：为了上好课，就要备课，通过认真研究教材和教学大纲，大量阅读有关的资料，理解教材的科学性，系统性，领会、确定通过这段教学所要达到的目的（通常称为教学目的）。同时还要了解学生学习这段教材的心理状况，预测自己所教的学生学习这段教材的学习过程，从而设计出一节课的教学方法，以求尽可能地通过课堂教学使学生掌握知识，并在掌握知识的过程中获得能力的发展。许多有经验的教师都有这样的经历：为了决定一句活怎样向学生说，常常要反复推敲，有些精彩的话语其至是多年反复思考的结晶。

以上所论是一般教师都应具备的教学常识。课堂教学在促进学生的智力发展方面起着重要作用，这就对教师的备课提出了更高的要求，教师要认真研究教材的智力价值。

一、教材的智力价值含义

所谓教材的智力价值是指某一段教材在促进学生智力发展方面可以发挥的作用。教材的智力价值有赖于教师对教材的挖掘与驾驭，对教材的理解愈深，他可以用来发展学生智力的素材就愈丰富。发挥教材的智力价值还有赖于教师对学生的理解与掌握。离开了学生的具体情况谈课堂教学发展学生的智力是不可思议的。同一段教材，不同程度的学生可能掌握的深度是不同的，不同时期、不同班级对同一教材的学习过程也是不同的。研究教材的智力价值就是为了尽可能地通过教学促进学生的智力发展。把握教材的智力价值是一件有相当难度的工作，不仅要深入研究教材、研究学生，还要结合教师的个人教学特点，这样才能在课堂上扬个人之长，更有效地推动学生的发展。可能张老师是抓住 A 点启发学生，而李老师却是抓住 B 点引导学生，但只要教材掌握准确，方法运用得当，是可以有异曲同工之妙的。

二、把握好教材的智力价值

为了更好地把握教材的智力价值，学习一些思维科学的知识是非常有必要的。

思维科学是一门新兴的学科，它研究的主题是：“人是怎样思维的”。它包括思维规律、形象思维、逻辑思维、灵感思维、创造思维、社会思维等分支。有的学者认为研究思维科学的途径有三种，一是宏观方法，即心理学的方法。二是微观方法，即神经生理学的方法。三是借助计算机模拟人工智能。就一般教师而言，主要应当学习一点有关思维发展的知识，从宏观角度接触一点思维科学。

我们不是要做一个专业的思维科学工作者，但我们每天面对的是活生生的思维着的青少年，我们每天关心着、考虑着他们的思维发展，所以教师是有必要，也有条件了解、应用一些思维科学知识的。

研究教材的智力价值是为了发展学生的智力。发展学生智力的着眼点、落脚点在哪里？应当是学生的思维品质。所谓思维品质就是指思维的个性差异。它主要的方面是思维的敏捷性、灵活性、深刻性、独创性和批判性。对思维品质的认识朱智贤、林崇德先生在《思维发展心理学》一书中有过很深刻的论述，不妨一读。善于把握教材的智力价值是对教师的一个较高层次的要求，必须经过一段实践并且在实践中努力探索才能完成，不可操之过急。

第二节　思维锻炼与“奥林匹斯科学院”的启示

培养学生的思维能力的关键是课堂教学，这已是不需要争论的问题了。重视研究教材的智力价值主要涉及的是备课，备课是上课的基础，但要上好课，尤其是要通过课堂教学这个中心环节达到有效地培养学生思维能力的目的。还必须掌握正确的教学原则和良好的教学方法以及教学技能。

一、思维锻炼与教学

以课堂教学为思维锻炼的中心环节，有必要强调的是贯彻启发性原则。上好课的标准不是把内容讲明白，让学生听懂，而应是引起学生的积极思考，让学生在教师的引导下把问题想明白；在这方面美国布鲁纳倡导的“发现法”，苏联学者提倡的“问题教学法”，德国学者的“范例法”都是值得借鉴的。

近几年来，我国在语文教学方面，不少教师试行“阅读法”，数学教学专家马明先生提出了“暴露思维过程”，这些都是坚持启发性原则的新成果。

（一）课堂思维锻炼

在课堂教学中锻炼学生的思维，引发学生思考，就一定要让学生清晰地感知问题，这是一个不可忽略的环节。

有些教师上课时，尤其是在中考、高考复习中，由于压力大，想多讲一点，总舍不得花时间让学生感知问题，以至学生还没弄清问题是怎么回事，教师已引出结论了，这样上课，思考被强记所代替，形成了满堂灌，结果是欲速不达。

“精心设问”是启发学生思维的又一个重要环节。一个明确、生动富于幽默的问题会令学生情趣盎然。索然无味的问题会使学生思维抑止，一个叙述不明的问题更会使学生无所适从。因此教师要精心设问。设问中把握“思维间隔”是很重要的。引起学生思考的同时，要注意给学生以适当的思考时间。对不同水平的学生可以给予不同的“思维间隔”。一般来说，需要学生费点力思考的问题，可以先叫成绩较好的学生回答，当答不全时，再叫其他学生来修正补充，这种提问是可以收到好效果的。

（二）课堂思维锻练的方法

在课堂上组织学生活动对锻炼思维是有重要作用的。如朗读、分析、练习、实验等，这些活动都应充分考虑学生的实际情况，力求实现其智力价值。教师应该注意要学生理解了一个问题后的扩展和深入探讨，这是培养思维深刻性和灵活性的一个重要方法。

（三）在思维锻炼养成思想品质

培养思维能力也需要强调情感，当真理被当做冷酷的教诫时，它的价值会百倍地降低。如果师生情感融洽，教师充满爱的语言，就会使学生对紧张的脑力劳动感到快乐。

教师的语言对学生思维能力的培养也是十分重要的。讲课生动、直观、系统、连贯、推理严密、深入浅出会大大提高学生课堂思维的效率。与本科教学密切相关的新鲜事物，富于哲理的警句会丰富教师的语言。教师可以积累一些富于启发性的格言和哲理小故事，特别是那些颇有教益的名人轶事，用在课堂上。生动丰富的语言，不但能调节情绪，使学生减轻疲劳，引发学生积极思考，而且可以令学生长久地回味，达到锻炼思维的目的。教师使用幽默对启发学生思考也是十分有益的。但幽默决不只是单纯逗笑，而在于意味深长。因此教师的幽默应是思考深入成熟的结果。

在课堂教学中锻炼学生的思维品质，是一项要求很高的创造性劳动，其技巧与方法是很需要认真加以研究的。只有能够灵活自如驾驭知识，掌握多种课堂教学方法的人，才能起到促进学生智力发展的目的。

二、“奥林匹斯科学院”的启示

（一）“奥林匹斯科学院”的由来

爱因斯坦大学毕业后就职于伯尔尼专利局，经济拮据。他登出一则求职广告，愿为他人补习物理，每小时3法朗。哲学系大学生索洛文正想学一点物理，于是根据广告去找爱因斯坦。两人见面后谈得十分投机，爱因斯坦早把教课收费的事置于脑后，并与索洛文相约，每晚在爱因斯坦家讨论问题。后来哈比希特和贝索也参加进来，四个青年聚在一起，决定成立一个学术团体，定名为“奥林匹斯科学院”，爱因斯坦任院长。此后他们每晚在爱因斯坦家集中，讨论、探索，研究讨论的问题极为广泛。当时爱因斯坦相对论的思想已蕴育了相当一段时间，为了深入研究，爱因斯坦让学识渊博、思维敏捷的贝索担任为牛顿思想辩护的角色，这样，大大促进并完善了爱因斯坦的思考，使他完成了伟大的发现——相对论。伟大的爱因斯坦终生与这三位密友保持联系，在他逝世前两年写给哈比希特和索洛文的信中深情地说：“奥林匹斯科学院啊！我永远忠诚于你，热爱你，直到学术生命的最后一刻。”

（二）讨论在教学中的价值

类似这样的动人的故事还可举出不少，如大文豪莫泊桑和左拉等人的梅塘学派，现代数学界的布尔巴基学派，都是以热烈的讨论为原则。这些动人的故事启示我们，为了推动学生智力的发展，一定要提倡讨论学习方式。

讨论式的课堂教学是最好的授课方式之一，应当提倡。它有利于学生通过讨论，深刻透彻地掌握知识。讨论课信息量大，思维发散度高，因而为学生思维品质的培养提供了大量的机会。讨论课有助于对学生的语言训练，而语言的训练对各门课程都是十分重要的。讨论还可以培养学生真诚、勇敢、谦虚等许多有利于智力发展的良好品质。如果通过教师的培养使任课的班级形成了讨论的风气，那么这位教师的教学工作将会是别开生面的。

讨论式的教学方式对学生发挥学习的主体积极性有更为重要的意义。当学生热烈地讨论某一问题时，教师会发现，他们的许多想法是非常美妙的，这些想法会互相启发。经常进行有效的讨论，学生会变得更聪明是毫无疑问的。讨论中，会使学生认识到自己并不知道，但却具有的某种才能、某种智慧、某种优良的思维品质，教师也对学生有了更全面的了解。教师真正把握住每个学生的思维特点是件很不容易的事，但如果能够给学生创造发表见解的机会，就一定会有利于发现学生的许多才能。而当学生的一些自发的良好的思维方式得到教师的正确评价时，他们就会在教师的引导下更自觉地培养优良的思维品质。相反，学生有些萌芽状态，但却是良好的思维方式如果得不到正确的引导，就会进展缓慢，甚至自生自灭，这将是一种极大的浪费。所以课堂上很少给予学生发表见解的机会是教学中应力戒的毛病。

（三）组织讨论的环节

组织课堂讨论是一件很不容易的事。教师应该怎样组织好课堂讨论呢？首先应该明确的是教师的业务修养是组织好讨论的基础，在此基础上教师还应注意这样几个问题：

1．恰当选择讨论内容。应当选择教材的重要部分，选取学生力所能及的内容，选择比较典型的问题来讨论，这样有利于学生深入理解教材，准确抓住知识点。在引导讨论时，教师应该防止学生在一些边缘问题上纠缠，造成不适当地扩大教材。

2．要鼓励学生敢于发表意见，具有进行科学探索的勇气并要破除偏见，要有倾听他人见解的良好品德。培养相互切磋的能力，使学生认识到，这种能力对于未来的学习工作是有极为重要的意义的。

3．训练学生善于发表意见是很不容易的，要使学生懂得，准确地简明地表达思想是思考深入的表现，这样做既有利于提高讨论的效率，也有利于培养学生思维的深刻性。

4．掌握课堂讨论的进程是一项很高的教学技巧，学生在发言中不仅常表现出典型的错误或对问题新颖独特的见解，还常含有一些未能充分阐明的极有价值的材料，教师应注意抓住“战机”及时调整讨论方向。有些引起讨论的机会稍纵即逝，所以教师要在课堂上敏锐果断地处理学生的问题，把握住讨论的要旨。

5．对于学生中有典型性的发言，如对问题有独特的见解、提出了有价值的问题，善于吸取他人发言之长，解决问题以至表现出明显的进步等等，教师应及时予以评价，这是灵活机动又富于效率的思维训练。

6．不要怕讨论影响进度，一般来说讨论比讲授费时间，但讨论中涉及内容广泛，解决问题会更多。事实上讨论会使每节课的内容不是减少，而是增多，所以从长的时间看进度是不会慢的。有时讨论正酣，下课时间已到，嘎然而止，从形式上看课堂教学的结构不完整，但课后许多学生会继续讨论，这种自觉进行的无形作业，对学习的好处也是很大的。

7. 由于中学生的年龄特点，对讨论不可要求过高，而且必须要有教师的引导。在课堂上师生对话时，教师要抓住机会引起讨论。不要以为只有素质高的学生才能讨论，青少年是乐于讨论的，能否讨论起来关键在于内容是否适合学生的水平，教师是否摸准了学生思维的“脉搏”。

8. 讨论结束时，教师应对讨论作出画龙点睛式的小结，并指出应当进一步思考或掌握的内容，提倡学生课后对讨论进行回顾，做一点后记。

第三节 两个原则——鼓励与因材施教

一、鼓励性原则

教师应该是学生智力发展的引导者、鼓励者，很多场合下教师必然要成为学生智力活动的组织者。

在课堂教学中，教师要努力创造愉快、紧张、活泼而有秩序的课堂气氛，促使学生积极思考、乐于讨论。这就要求教师的讲课一定要使学生的精神、情感得到一定的满足。除此以外，教师应注意对学生的鼓励和激发，以创造良好的课堂气氛。

教师要鼓励学生提问题，要使学生认识到：爱提问题是求知欲旺盛的表现，高水平的问题是思维深刻性的表现。对学生的提问，教师要做认真有效的答疑，这是对学生学习热情最好的鼓励，也是因材施教、促进学生智力发展的良机。不要厌烦有些学生少思多问，只要注意引导，这种现象是可以克服的。爱因斯坦在教学中，不但允许而且鼓励学生打断教师的讲课，提出问题，这种教学风格是值得学习的。

教师要想掌握学生的学习进程，倡导某种科学的思维方法，培养某种良好的习惯，其有效的手段是恰当的富于艺术性的鼓励。

（一）利用鼓励调动学生学习热情

教学中最可怕的是学生对学习的冷漠与厌恶。要防止这种情绪，除了教师的水平与威望之外，最有效的方法是抓住积极因素不断地对学生进行鼓励。

当学生看到教师对那些所谓“笨学生”取得的成绩给予由衷的赞扬时，当学生看到教师为他们的进步由衷地高兴时，学生的智力活动会变得更为积极。学生中那些富于创造性的见解、思考问题的良好方式得到教师的评价，常常会推动许多学生改善自己的思维方法。

（二）利用鼓励使学生保持学习热情

中学生常犯的大毛病是“三分钟热情”，不断地鼓励是使热情得以持续的重要方法，在智力活动及其他活动中都是如此。

鼓励不是不要批评，如果学生体会到你的批评中蕴含着对他的由衷的爱和殷切的希望时，他会感受到鼓励而接受你的批评，这也是智力活动与其他活动中通行的工作原则。鼓励对于品德教育、智力发展、习惯的培养、身体的锻炼都是必要的，因此应当把鼓励性原则列为教育的一项基本原则。

我们这里要谈的是培养学生智能，但是无论是培育者还是被培育者都是活生生的人，因此我们要提倡鼓励，热情中肯的鼓励不仅需要教师有良好的鉴别能力，尤其是需要对学生有高度的爱，没有爱就没有教育。

二、因材施教原则

在培养学生思维能力的工作中，贯彻因材施教的原则是很重要的。只有把握学生的个性差异，善于因势利导，才能更有效地促使学生思维能力的提高。

（一）关注优秀学生

教师应对少数优秀学生的发展予以特别的关注。这不仅是由于教师应有促进科技发展的教育意识，也是为了在教学中把个性与共性巧妙地结合起来。优秀学生求知欲强，学习兴趣浓厚，有较好的知识基础和较高的思维水平。在首先做好整体教学工作的基础上，下功夫研究促进优秀学生的发展，对于调动广大学生的学习积极性、促进学生集体思维水平的提高是有重要意义的。

1. 鼓励优秀学生挑战问题：对优秀学生因材施教在方法上并不困难，最简单易行的方法是欢迎、鼓励他们向教师提出自己的问题。通过帮他们解决疑难问题满足他们的求知欲望，激励他们不断进取。建立课外兴趣小组，举办课余知识讲座都是行之有效的方法。此外，面谈也是个好方法。在面谈中倾听优秀学生的想法，向他们提出制定与调整学习计划的建议，对学习方法予以适当的指导等方法，对他们的成长进步都是有很大促进作用的。

2．严格要求优秀学生：培养优秀学生的工作真正的难点在于识别与研究，尤其是研究。所谓“严师出高徒”应当进一步理解为教师对业务有真知灼见，以远大的目光来观察审视自己的学生。既能看到他们思维的火花（即使不那么耀眼），又能准确地判断他们下一步，以至以下几步应如何前进，从而对他们提出严格而又力所能及的要求。这是一件颇有难度的工作，只有保持自己思维的朝气，不断地学习并付出足够的辛劳与热情才能做好。从这一点上说教师是人类灵魂的工程师是毫不牵强的。

研究促进优秀学生的发展是对教师工作水平的一个良好的检验，无论如何都应重视。还应说明，在正常情况下，做好了这项工作对于从知识传授、能力培养的角度把握住学生集体是有关键意义的。一般来说，在教师掌握住学生集体的情况下，教师对优秀学生的指导能力将决定教师在学生中的威信程度。

优秀学生和一般学生之间并没有不可逾越的界限，要善于把优秀学生的成功经验向一般学生推广。教师应该从每一个学生智慧的火花中思考培养优秀学生的方法，在不断的交流中促进学生思维能力的发展。

（二）重视落后学生

歧视成绩差的学生，轻易断言某学生不可能把功课学好是十分错误的。常常有一些学生，当他们改变了一个环境以后就有了很大进步，这说明了什么呢？李时珍考举人三次落第，爱迪生几乎被老师开除之类的故事对教育者是具有讽刺意味的。事实证明愚蠢的不是李时珍、爱迪生，而是那位认定他们不堪造就的人。

1．尊重落后学生：对待学习较差的学生要注意保护他们的自尊心，没有什么比伤害学生的自尊心更有害于他们智力发展的。教师应该细心地观察，对于学生的点滴成绩表现出真诚的喜悦。

这会令学生长久地激动并且更积极地学习。注意为学生创造成功的机会是十分重要的。有时我们对某些学生的发展感到无技可施，这既非教师无能，也非学生无才，往往是由于教师不了解学生。因此等待是一项教育教学的艺术，等待和细心的观察常常会带来机会。

2. 关心落后学生：为差生补课是教师常做的事，单纯地补习知识，甚至把课内所教内容重复一遍一般不会有很好的效果。

教师要首先了解学生的困难所在，有的放矢。补功课不能忘记补能力，要在补课中教给学生怎样分析问题、怎样记忆知识，通过补课提高他们的学习能力，才能逐步帮他们赶上集体。在补习功课时程序是重要的，差生在学习上是被动的，有些人虽肯努力，但改变不了被动局面。所以应注意先后顺序，帮助他们在被动中寻求主动的规则安排补课的程序。教师应鼓励差生质疑，通过答疑及时辅导并获得了解研究他们的宝贵资料，教师可以把答疑与面谈结合起来。

现实生活中，一种很有趣的现象是有些成绩差的学生的成绩随着他们与老师的逐步亲近而提高，这种情况表明，师生的密切关系是很重要的。在任何情况下都应提倡老师多接触学生，要因材施教。多接触学生是因材施教的好办法。曾有一位很聪明的初中毕业生赞许地说："我们的老师欢迎我们到办公室和老师侃一会儿。我认为和老师'侃一侃'是颇为有益的。"

从这个同学的感受中，教师可以看到接触学生对教育各类学生的重要作用。

第四节　改进评分方法与提倡在教学中渗透方法

一、改进评分方法

到目前为止，一般中学评定学生成绩的方法仍是依据考试分数。这种方法有一定的弊端，这是由于这种考试形式虽然可以较好地考查知识的掌握，但很难充分地考查能力的发展。此外，有一小部分学生会因考试出现紧张心理而影响思维发展。当然，这不是说要取消考试，而是要研究怎样弥补考试的缺陷。

（一）打破传统评分方法

这里提出一种简单易行的辅助评分方法，即除考试成绩外教师结合学生平时在学习中的表现，随时为学生记录成绩的方法。现将这种方法介绍如下：

1. 改进评分方法的宗旨：本着鼓励学生积极思维、勇于创造的精神，结合实际情况给学生评定表扬成绩。

2. 记分原则：凡勇于思考，对问题能做出良好的分析，发表新颖而有意义的见解，提出良好的解法者，可记录表扬成绩（一般 1 ~2 分为宜）；

凡有突出的作文、论文、科技作品及艺术作品，或在学科竞赛中获得良好成绩者，可记录一定的表扬成绩（可以不限定 1 ~2 分）；

凡课后深入钻研，能提出有利于深入学习的问题的，可记录表扬成绩（1～2 分为宜）；

凡在学习上表现出主动精神，克服困难取得进步者，可记录一定的表扬成绩。

（二）记分的作用及影响

1. 记录的成绩应及时宣布，以达到激励学生前进的目的。

2. 记分的影响：这种记分方法是很简单的。教师可以在记分册上开出几格，以画符号如“正”字（代表 5 分）的方法记录。在评定成绩时应明确规定表扬成绩做为重要参考，还可以对表扬成绩高的学生以通知家长的形式予以表扬。

试验表明，只要认真做，对于鼓励学生思考、创造是很有好处的，同时也可以收到在一定程度上减轻少数学生畏惧考试的心理的效果。

在条件允许的情况下，可以让学生更多地参与，如本科课代表可以适当参与，欢迎学生向教师建议为某同学记表扬成绩等。

现在已有一些老师正在进行改进成绩评定方法的试验，我们不妨广开思路，大胆地试一试。

二、提倡在教学中渗透方法

（一）天才不仅仅靠勤奋

“天才就是勤奋”是富有浪漫色彩的格言，勤奋是人类最可贵的品德之一。教师必须培养青少年勤奋的美德，但教师还应该清醒地意识到，天才不仅仅是勤奋，勤奋不等于天才。爱因斯坦说得对，$W = X + Y + Z$，即成功等于艰苦的劳动、科学的方法加上少说空话。

教师应该对中学生学习方法的指导给以更多地重视。

（二）方法不成就天才

方法的重要性不容低估，法国哲学家、数学家、物理学家笛卡儿（1596—1650）创立了坐标法，从而建立了解析几何，实现了数学思想方法的重大突破，开创了变量数学的新时代。化学家戴维创立了电解法，从而从碱金属中分析出了钾和钠。

伟大的爱因斯坦主张把直觉和演绎结合起来，倡导探索式的演绎法，并以其创造性的方法做出了尽人皆知的贡献，使20世纪上半叶被人们称为爱因斯坦时代。

方法的意义正如英国物理学家、科学学的开创人贝尔纳所说："良好的方法能使我们更好地发挥天赋的才能，而拙劣的方法则可能阻碍才能的发挥。"方法是一个人学习能力、工作能力的集中表现。对于中学生来说，思维方法、学习方法是他的思维水平、学习能力的集中表现，是预测未来才能的重要参考。

思维能力的发展与思维方法、学习方法的进步是相辅相成的。我们要引导学生讲求方法，努力探索适合个人特点的优良的学习方法，这是培养思维能力的一个极为重要的方面。教师在教学工作中要注意渗透一点方法论，结合科学发展史向学生讲一点本学科的方法论，在日常教学中应注意对学生进行学习方法的指导。渗透式地传授方法论是一个好方法，由于对方法论的领会有赖于学生的思维水平，过早地要求中学生太富哲理是不恰当的，也是不现实的，所以比较理论化地系统化地向中学生渗透方法，是有必要的。

第四章 师 德

教师道德是一个老而弥新的话题，伫立在世纪之初的桥头堡上，我们敏锐地倾听到新世纪对人才的呼唤，强烈地感受到教育的时代使命，同时严峻地意识到教师肩负的神圣职责。如今，教师道德这个人类精神文明的永恒主题，引发着正在走向新世纪的教师的反思和求索。

第一节 迈向新世纪教育承重任

21 世纪处于社会变革的转折点上，人们关注着新世纪社会变革和发展的前景，肩负着人类文明继承和创造重任的教育事业，又将如何面对新世纪的挑战？对于新世纪人类文明发展的前景；人们用不同的方式提出问题或作出解答。一种方式是对社会发展的趋向和特征作出未来学的预测，例如人们预测 21 世纪将是生物学的世纪、电子学的世纪、宇宙航天的世纪。美国未来学家奈斯比特认为，未来社会的主要特征是信息化，信息社会将取代工业社会。一个高度信息化、知识化的社会，需要高素质的人才，发展教育和科学，则是为未来社会奠基的工程。另一种方式是通过对 20 世纪人类文明进行反思和批判，从而获得对新世纪社会发展的深刻思路。诸如怎样把人类的最近目标由物转向人的自身、人的教育、人的全面发展、人与他人及自然的和谐相处，实现社会经济可持续发展等。无论从哪种思路看，教育都决定着人类文明的走向，承担着人类文明嬗变的时代使命。对于新世纪向教育提出的这一重大课题，人们必须作出理性的回应。

一、新世纪对教育的期待

从 20 世纪 80 年代开始，世界各国不约而同地认识到教育在新世纪的地位和价值，开始研究 21 世纪对本国教育的挑战及本国教育的应战方略：日本政府发表了《建立新的高等教育体系，向 21 世纪迈进的教育方针》英国政府发表了《21 世纪的教育和训练》，我国政府也发表了《中国教育改革与发展纲要》，都对面向 21 世纪的教育改革进行了详尽规划。这些规划的核心思想，无一不是基于对人类前所未有的新处境的深入理解，既对作为个体发展的素质教育作出设想，又对作为集体进步的人才培养提出要求。教育的双向内涵在此得到全面体现。针对我国的具体情况，邓小平同志曾深刻地指出："一个十亿人口的大国，教育搞上去了，人才资源的巨大优势是任何国家比不了的。有了人才优势，再加上先进的社会主义制度，我们的目标就有把握达到，现在小学一年级的娃娃，经过十几年的学校教育，将成为开创 21 世纪大业的生力军，中央提出要以极大的努力抓教育，并且从中小学抓起，这是有战略眼光的一着，如果现在不向全党提出这样的任务，就会误大事，就要负历史的责任。"

二、科技革命与教育肩负的“科教兴国”重任

根据唯物史观，文明发展的阶段性突破总是以新生产工具的出现为标志。这就是科技革命的最初含义，无论是较早的农具更新，还是近代的蒸汽机、电力带动的工业革命，都带动了当时社会全面繁荣。

如前所述，20 世纪中后期，人类在电子信息、新材料、新能源、生物、空间、海洋等高科技领域取得了一系列重大突破和进展。而随着人类进入 21 世纪，世界正在经历一场从根本上改变，人们的生产方式、工作方式和生活方式的新的产业革命——信息革命。另一方面，从国运兴衰的历史考察，科技、教育与国力的关系亦历历可现。英国在 18 世纪首先成为世界经济的中心，是因为英国的传统教育举世闻名。17 世纪的科技革命高潮发生在英国，杰出的科学家牛顿和大发明家瓦特等都出现在英国。正是 17 世纪的科技革命导致了 18 世纪的产业革命。瓦特发明的蒸汽机“改变了世界”，使英国率先实现了工业化，也就是那个时代的现代化。可是，从 1850 年开始，英国很快被德国超过去了。主要原因是英国后来忽视了科技与教育。德国虽然开始比较落后，但非常重视教育。1830 年以后，德国有很多科学家从英国、法国回来发展科学与教育事业。到 19 世纪下半叶，德国儿童入学率达 97%，而英国不到 50%。英国绅士轻蔑科技，轻蔑科技人员，而德国的王公们却争相办学校，培养大批科技人员。结果出现了这样的怪事，英国人帕金发明了人工合成染料技术，但当时德国大学毕业的工程技术人员数超过英国的四倍，因

此化学合成工业成了德国的优势，它占领了世界市场的80%，挣得大量外汇。1880 年，德国工业发展速度超过了英国，1895 年，德国各行各业产品产量压倒英国，从此，世界经济中心从英国转向德国。美国的崛起，一个很重要的原因是大量引进技术、引进人才、发展科技、发展教育。1860 年，美国还处在经济落后的殖民状态，到了1880 年，它成了世界第二经济大国，1890 年变成了世界第一。20 世纪，由于“二战”的关系，大量欧洲知识分子涌向美国，带给美国巨大的科技力量和先进的教育观念，使美国扶摇直上，成为世界科技中心，变成了政治、经济、军事超级大国。我国曾是世界上科技和教育都比较先进的国家，四大发明和科举制就是我国对世界科技和教育的独特的贡献。然而，17 世纪以来，我国的科举教育，无论从体制还是从内容，都已大大落后同时期英国以牛津、剑桥为代表的大学教育，由于人们把时间都花在读圣贤书上，我国的科学技术也与世界先进水平拉大了差距。教育和科技的全面落伍，终使我国在近代与西方的竞争中饱尝“落后就要挨打”的痛苦。

科技和教育作为引导社会现代化的不可或缺的两翼，又有着深刻的内在联系。在新世纪，这一联系随着科技的高速发展而显得更为密切。

以信息产业为核心的新一轮科技革命，是20 世纪中期加速发展的具有全球影响的时代潮流，它理所当然地成为新世纪社会进步的火车头。与此相应，教育不仅要积极跟上科技革命的步伐，而且要主动地参与科技革命的进程。科技革命对社会发展的推动和革新作用是有条件的，这就决定了教育在社会发展中的先行地位。首先，科学技术作为一种知识形态的潜在生产力，需要通过教育来完成

"知识生命化"的过程。也即教育使科学技术从生产力的潜在形态转化为现实形态。其次，科技革命对社会生活的广泛渗入，也必须以教育为中介。教育不仅传播知识技能，同时能够遵循科学的理论精神，指导人们变革思维方式澄清价值观念，进行理性自觉的道德选择。最后，伴随科学知识加速更新，教育和终身教育势必成为这种加速运动的不可或缺的工具。总之，由当代科技革命的特征所决定的教育的"先行性"，从根本上改变了现代教育在社会发展中的地位，教育与科学相伴相生，成为人类社会发展的两根重要支柱。从这个意义上说，科教兴国不仅是一个国家和民族的基本国策，也是21世纪人类社会发展战略的共同选择。

第二节　兴教育人责在人师

随着科教兴国和可持续发展的社会现代化进程，普及义务教育在世界各国普遍建立，终身教育事业方兴未艾，教师劳动在社会总劳动中的比重正在日益增加，教师职业已经发展成对整个社会发展具有举足轻重的职业，世界各国普遍重视教师在社会发展中的地位和作用。

一、人类社会永恒而常新的事业

（一）什么是教育

中国汉代的许慎曾给教育下了一个定义："教，上所施，下所效也；育，养子使之作善也。”这个定义简明地揭示出，教育是人类社会在世代交替中，向下一代人传递、教授劳动生产和社会生活的知识、经验、习俗、规范的社会现象。其目的是在文化教养中育人向善，维护社会的延续和发展。

（二）教育的变革

随着人类社会的发展和社会教育的变革，这个古老的定义在不断更新。时至今日，面对知识剧增、人口爆炸、文化嬗变、道德失范、代际冲突、生态危机等全球性问题，教育又应如何承担起文化传递和社会传承的历史使命呢？20 世纪下半叶，教育改革在世界各国的教育界此起彼伏：从美国经济学家舒尔茨“人力资本”理论引发的“智能教育”，苏联教育革新家发起的“合作教育”，人本主义心理学家倡导的“人格教育”，到中国80 年代兴起的“国民素质教育”等，教育思潮的勃兴、论争和相互交流渗透，标志着教育观念的进一步发展。有人说，教育问题是20 世纪下半叶的世界性课题，上自各个国家的首脑和最高决策机构，把教育改革和教育发展列为社会发展的战略决策，下至世界各国的公众，升学考试、课业负担、学历文凭、教育平等均成为国民教育的热门话题。教育在现代社会发展中的功能和价值，已成为一批富有社会责任感，有远见卓识的学者及专家共同关注和讨论的时代性课题。经济学家从现代社会的“科技—教育—经济”的互动关系中揭示了教育的知识再生产、科技开发和劳动力培训的经济发展功能；社会学家面对社会变迁中出现的代际冲突、青少年犯罪和道德失范等新问题，提出了教育促进年轻时代社会化的时代任务；人类学家突破了传统的教育文化观，强调理代教育在文化传递中的文化选择和创新功能；人本主义心理学家则提出了现代教育开发人的身心潜能，培养创造性个性的功能。考察上述不同流派的教育思潮走向，我们会发现，由于在社会现代化进程中呈现了以科学技术发展为先导的经济、政治、文化的多元互动的方向，教育在人类社会发展中所承担的知识传递功能、文化创新功能和人格积淀功能，必然走向综合化和整体化。这就需要我们运用科学的理论和方法，重新审视教育在人类社会发展中的历史使命。众所周知，人类社会存在着三种生产方式，即物质生产、精神生产和人类自身再生产。其中，人类自身的再生产，是人类社会存在和发展的第一个前提。这里，人类自身再生产包括两方面：一是人的自然生产，即生育，使人口得以延续和生长；二是教育，即通过教育的文化传承来维系社会的延续。人自身的生产包括了生育、抚育和教育这三种社会化过程，在社会发展的不同历史阶段，人的生育、抚育和教育在人的成长过程中的地位和比率是不同的，社会愈发展，教育所占的地位就愈高，比重就愈大。随着现代社会普及义务教育年限的增长和终身教育体制的发展，教育必然成为人类自身再生产的主要阶段。人类在物质生产和精神生产中创造的各种文明成果，正是通过教育的文化选择和传递，内化于个体而加速人类自身的发展。在社会现代化进程中，开发人的智慧潜能，变革人的价值观念和生存方式，提高人的素质是推进人类社会发展的主导性动力。因此，相对于人类社会的物质生产和精神生产，以人的全面、充分和自由发展为目的的教育事业，必然要由滞后状态、同步状态变为面向未来的“超前”事业。21 世纪的人类社会将是一个比任何时候都更加宣扬人的主体性、能动性的时代，引导人全面发展的教育事业，将在新世纪显示出它的崇高地位和无限生机。

二、太阳底下最崇高的职业

著名教育家夸美纽斯把教师誉为“太阳底下最崇高的职业”。这不是浪漫的诗句，而是一个教育家对教师职业神圣性的理性自觉。

（一）教师职业的神圣，教师是人类文化的传递者和社会世代延续的促进者。人类通过劳动创造了文化和社会，使人类从自然存在提升为文化存在和社会存在，因此，“文化”和“社会”是人类存在和发展的基本形式，是人类自我定义、自我创造的“内在尺度”。而文化传递和社会传承的神圣职责正需要由教师来承担。对于教师职业的神圣性，早在古代就被人们所崇仰。考察教师的职业史，我们可以发现，人类原始社会的先民都是以氏族和部落中的能人、智者、长者为师：“燧人教民，以火以渔。”“伏羲氏之世，天下多兽，故教民以猎。”“神农始作来耜，教民耕种。”他们都是氏族公社中智慧的化身，既作为部落首领和长者，又以教师的身份，向人民传授生产劳动和社会生活的经验、技能、传统和习俗，解民众于艰难困苦之中，赢得了氏族社会中的最高威望和地位。氏族社会之后，教师又始终是特定社会统治阶级利益和主导文化的代表。在中国封建社会，政教合一、官师合一。在西方中世纪僧侣、神甫担任着学校教师。随着现代教育的发展，教师职业成为专业性职业。1966 年联合国教科文组织发布的（关于教师地位的建议）报告中确认了现代教师职业是科学的专业性职业，并强调教师职业的自主性和重服务、轻报酬，崇尚奉献的职业精神。在现代社会的公众教育意识中，人们视教师为社会的基石、支柱和拱顶石，以此比喻他们在社会发展中的基础作用和支撑作用，因为，教师培养人的智慧和道德，不仅使个体成长和成熟起来，而且通过个人的发展，使得国家、民族乃至人类文明得以绵延不断。我国开放改革以来，进一步强调了教师在社会主义现代化建设中的重要作用，肯定“为人民服务的教育工作者是崇高的革命的劳动者的号召。不仅学生应当尊重教师，整个社会都要尊重教师”，并为教师确立了自己的节日。教师的社会地位空前提高，标志着社会教育意识的进一步加强。

（二）教师的使命，教师是人的素质潜能的开发者，创造性人格的培育者。教师在文化传递中向年轻一代“传道、授业、解惑”，其目的是培养适应社会需要的人才。教书育人是教师的基本职责，不管是在古代还是现代，东方还是西方，教师都承担着为社会培养人才的职责。然而，教什么书、育什么人，如何在教书中育人，却需要教师作出自觉的道德选择。处身于走向21世纪社会现代化进程中的教师，要自觉承担“教书育人”的时代任务，必须在国民素质教育的实践中成为人的素质潜能的开发者，创造性人格的培育者。人的素质潜能，一是指人类个体蕴藏的极为丰富的肉体和精神力量；二是指人类在社会实践中创造的文化成果在个体中的历史积淀。随着现代心理学、脑科学、遗传工程学和人体科学等学科的发展，关于人的身心潜能素质这个领域有了许多令人惊异的新发现，一些富有远见的科学家认为，21世纪人类文明发展的重点将会出现一个重大转移，那就是人类将从身外的“环境自然”转向自身的“主体自然”。日本的一个学者说，人类在新世纪将求索另一个宇宙——人的身心小宇宙。我国著名科学家钱学森在“人的潜能与教育革命”等论文中提出了一个重要的思想，那就是在我国的教育改革实践中，要研究思维科学、脑科学和人体科学，开发人的身心素质潜能，提高民族素质。在当代，青少年身心疾病的蔓延已成了一个严峻的社会问题。激烈的升学竞争、过重的学业负担，已使不少青少年学生心理压力沉重，引发了焦虑、恐惧、厌倦等现代“精神”病，而影视世界的诱惑与户外活动的减少，又带来了视力降低、身体虚弱等现代学校病。这就需要教师要把科学地开发人的素质潜能，促进青少年学生身心健康发展作为教育的宗旨和目标。

（三）教师关系到社会进步

教师是社会发展和个体发展的中介人。苏联教育家对教育中介人有这样一段精当论述：“一个教师如果不落后于现代教育的进程，他就会感到自己是克服人类无知和恶习的大机构中的一个活跃而积极的成员，是过去历史上所有高尚而伟大的人物跟新一代之间的中介人，是那些争取真理和幸福的人的神圣遗训的保存者，他感到自己是过去和未来之间的一个活的环节，他的事业从表面看来虽然平凡，却是历史上最伟大的事业之一。”由于教育本质上是一个生命与生命、心灵与心灵相互影响相互交流的社会精神生活过程，所以，教师每时每刻都感受到人类个体活生生的精神生命之流，感受到人的童心、诗情、挑战和创造的潜能。这样，教师总是时时面对着历史与未来、社会与个人、文化与自然、理想与现实之间的种种冲突与互动。这就需要现代教师启觉肩负协调社会发展和个性发展，贯通历史与未来的中介人的神圣职责，使教育事业在引导人类个体不断超越和完善自我的同时，推进人类社会的进步和完善。

三、教师人生价值追求的三种境界

虽然教师职业自古以来一直被人们视为圣职，在现代的“职业人”社会中，教师也被列为具有崇高奉献精神的专业性职业，但对于以门第、权力和金钱为尺度的价值观来说，教师的职业价值至今仍是人们争议和困惑的话题。对于职业价值标准的选择和参照，一般来说，有两种基本尺度，一是功利尺度，其标志往往是这种职业所获得的社会身份、权力、财富和声望等。二是道德尺度，道德不是否定和约束利益，而是对于利益的合理化调节。按照道德尺度来考察教师职业的社会价值，我们会发现，教师职业具有三种

特性：(一) 教师职业价值的崇高性。因为教师的职业劳动以国家和社会发展的共同利益为准则，因而具有育人向善的神圣性。

(二) 教师职业价值体现于人本性。由于教师劳动过程的诸因素都是人，因而具有人本性。

(三) 教师职业价值的奉献性。教师职业劳动所产生的社会价值，主要是通过受教育者的劳动及其成果体现出来的一种间接价值，需要经过许多中间环节才能体现出来。所以，教师职业是一种默默无闻的奉献。人们常把教师的工作比作燃烧自己、照亮他人的红烛和年年岁岁吐丝不尽的春蚕，教师的劳动无法用工作量计算报酬。教师职业的这种重服务、轻报酬、崇尚奉献的职业精神，本身正是一种崇高的道德价值。

教师人生价值追求有三种境界。第一个层次是职业意识境界：教师意识到自己从事的劳动，是作为公民在社会分工中承担的专业

化社会劳动，由此确认自己的社会地位和角色，完成一定的职责、任务，对社会作出贡献，同时又在教育劳动中获得利益、地位。在这个层次上，教师应认真负责地履行自己的爱岗敬业、教书育人的社会责任，又自觉地维护自己的合法权益，自主地谋求自己的职业成就和合理需求的满足。第二个层次是事业心的境界：事业心是职业意识的社会化，当教师意识到教育劳动是人类文明传承和社会发展的伟大事业时，就能自觉地把职业宗旨与祖国的前途、社会的发展和人类的命运联系起来，从而上升到事业心的境界。第三个层次是志向感的境界：教师将职业与自己的生命、个性和人生理想融为一体，把职业的社会期望和道德义务化为一个人的职业良心和人生志向，就可达到"从心所欲"的自由境界。从这个意义上说，志向境界是职业意识和事业精神的人格化。马克思在青年时代就说过："在选择职业时，我们应该遵循的主要指针是人类的幸福和我们自身的完美。如果我们选择了最能为人类福利而劳动的职业，那么，重担就不能把我们压倒，因为这是为大家而献身；那时我们所感到的就不是可怜的、有限的、自私的乐趣，我们的幸福将属于千百万人，我们的事业将默默地，但是永恒发挥作用地存在下去，而面对我们的骨灰，高尚的人们将洒下热泪。"这也正是教师在创造人生价值的过程中获得人生幸福的真谛，是教师的真正价值所在。

第三节　教师道德育人之本

如前所述，既然教育在人类社会的进步——尤其是进入 21 世纪以来，肩负着伟大的历史使命，那么以教育为职业的教师必将义不容辞地承担起它所赋予的神圣职责。正是这种神圣职责，在教师的劳动中内化为教师的道德义务，形成了献身教育、教书育人、为人师表的教师道德。

一、教师道德——人类社会道德的代表

道德是人类社会崇高而神圣的精神文明成果。德国哲学家康德说，理性的终极目的就是道德。如果说，科学是用人类的理性之光为自然立法的话，那么，道德则是人类的实践理性精神的自我立法。伦理学研究表明，作为社会意识形态之一的道德，是指以社会舆论、传统习惯和人们的内心信念为中介，调节人与人、人与自身、人与自然之间伦理关系的行为原则、规范的总和与道德作为人类实践精神的自我立法，引导人们以人类生存和发展的根本利益为最终目标，不断完善自我、完善他人、完善社会，从而实现个人与社会、社会与自然以及人与自身的和谐发展。

教师道德是人类社会道德在教育园地结出的硕果，考察人类的道德史，我们就会发现，教师道德在人类道德文化的传递、变革和发展中具有重要作用。

（一）教师道德总是一定时代社会的主导道德的代表

由于作为社会意识形态的道德，在本质上是一定社会的经济和政治条件的反映，所以，教师道德必然反映一定时代社会经济和政治发展对教师职业劳动的根本要求。无论在何种社会，在经济和政治生活占主导地位的统治阶级总是通过教育制度、教育目的和教育

内容等中介来规范教师的地位、职责和行为，从而决定教师道德的性质、内容和行为规范体系，因此，教师道德总是一定社会的主导道德的代表。就我国当前的社会主义教师道德建设而言，就必然要自觉地以社会主义道德的“为人民服务”核心和“集体主义”原则为指导，体现社会主义教师道德的先进性、民主性、平等性、科学性、自觉性等本质特征，充分发挥教师道德在社会主义精神文明建设中的积极能动作用。

（二）教师道德在人类道德文化的传承中具有选择和创造功能

虽然道德始终受到社会经济关系的制约和其他意识形态的制约，但它具有相对独立的历史继承性。教师道德作为一定社会主导道德文化的代表，它在教育目的、课程文化和学校道德教育中传递和积淀了一定时代的道德规范中符合社会共同利益的历史成果。同时，随着社会经济政治制度的变革，教师道德规范体系中一些狭隘性和陈旧过时的成分必然或迟或早地发生变化，而适合教育过程自身规律的那部分内容则被保留和继承下来，并被加工、提炼和改造，以适应于新的社会制度和教育制度。因此，教师道德总是在旧道德和新道德之间架设了由此达彼的桥梁，使人类的道德发展呈现代代相传、前后相续的历史继承性。例如，社会主义教师道德建设如何积极自主地扬弃和引导市场经济的道德规范建设，就是社会主义精神文明建设的一个重要课题。一方面，市场经济作为现代化发展过程中的文明成果，有利于增强道德主体的自主意识、竞争意识、效率意识、民主法制意识和开拓创新精神，对于社会转型时期教师道德观念的更新和学校道德教育的改革都具有积极意义。然而另一方面，市场经济存在自发性、盲目性，在市场活动中，经济利益作为一只看不见的手操纵人们的行为，市场经济的道德规范只能在经济领域的特定范围内起调节作用，而不能简单移用于教育教学领域。例如，等价交换原则在经济行为中通常是道德的，而在教育等某些非经济领域就会产生负效应。因此，社会主义教师道德建设在吸收市场经济道德规范合理因素的同时，要引导人们正确处理个人利益与集体利益、竞争与合作、效率与公平等关系，推进社会主义市场经济崭新道德规范体系的建立，从而在社会主义道德建设中发挥积极作用。

（三）教师道德在人类道德文化的传承和嬗变中还具有理性化、系统化的功能考察人类的教育史和道德史，我们会发现一个令人深思的历史事实，那就是，许多从事传道授业的教育家，同时也是在潜心著述中卓有建树的伦理思想家，如：孔子、孟子、柏拉图、亚里士多德、康德、黑格尔、杜威、陶行知等。可见，教师作为道德活动的主体，常常是“学高为师德高为范”的先知先觉者。教师职业的神圣职责，使他们富有关心和维护人类生存发展的根本利益的使命感。正是这种深切关怀和道德义务感，使教师道德在历代主导道德文化的传递、选择和积淀过程中，形成了一个世代相传的教育伦理传统和学校道德教育体系，并以教师道德育人向善的崇高性、科学性和奉献精神，不断影响和推进人类的道德精神。在伦理学史上具有重要意义的论著，不少出自教育家之手；因此，在某种意义上，我们甚至可以说，教师道德在人类社会道德建设中，具有理性化和系统化的示范功效。

二、教师道德——教师职业劳动的自我立法

教师道德是教师从事教育劳动时必须遵循的行为准则和规范体

系。我们可以把它分成三个系统：

（一）教师道德规范系统

师法规范系统既是对一定社会教育制度和教育活动中伦理关系的概括和反映，又是评判教师行为的道德准则。包括教师道德的基本原则、规范和范畴等。其中，道德原则是道德规范体系的核心，行为规范和品德范畴则是道德原则的具体化。关于教师道德的基本原则，有人把它概括为“献身教育，教书育人”。关于教师道德的行为规范的品德范畴，也逐步形成了基本的规约体系。我们编写“师德读本”，没有采用“原则、规范、范畴”的形式，而是以教师为道德活动主体，以教师的师德修行为主线，把社会主义教师道德的基本行为规范，从“你应当这样做”的外部道德约束转化为“我应当这样做”的自律的师德修行，从而使“师德读本”成为每一个教师的自觉自愿的自我立法，引导教师学高为师、德高为范、自化化人、育人向善。

（二）教师道德活动系统

教师在教育过程中，围绕善恶问题的个人行动和社会活动。包括道德行为的选择、道德评价、道德教育和道德修养等活动。从道德主体意义上说，上述教师道德规范体系本质上是教师在教育过程中道德活动的经验、习惯和传统的概括和抽象的结果，是道德主体创造的道德精神文明成果。

（三）教师道德意识系统

教师在教育过程的道德活动，内化为教师个体的道德观念、道德品质和道德心理素质等。其中，道德观念是教师道德意识中最敏锐的具有先导功能的倾向性系统。道德品质是道德原则、规范以道德实践为中介在教师个体心理的内化和积淀。它由道德认识、道德情感、道德意志、道德信念、道德行为等心理要素构成，并通过这些要素形成一定的道德人格。教师道德具有不同于其他职业道德的特征和功能。

1、教师道德要求在道德意识上比其他职业道德有更高的水准。教师劳动的特点是教授知识、塑造心灵和培育人才，教师担负着为人类社会的延续和发展而教书育人的重大职责。这就要求教师充分认识到教育的伟大使命和教师职业的神圣职责，产生自觉的道德义务感和社会责任感，具有为人类社会的进步和完善而献身教育的道德理想和道德信念。

2、其次，教师道德在道德行为上比其他职业有更强的示范性。教师在“教书育人”的劳动过程中，对学生发生影响的“书”正是教师道德行为中所蕴涵的知识、才能和心灵、人格，而所教的“人”又是可塑性、模仿性强，道德人格正处在形成和发展阶段的青少年一代。事实上，教师的言论行为总会有意无意地被学生视为榜样，被学生所模仿。教师的求知态度、审美情趣和道德面貌，乃至气质、性格都对学生起着潜移默化的熏陶作用。学生的“向师性”决定了教师的道德行为具有示范性的教育功能。正因为如此，自古以来，严于律己、以身作则、为人师表等成为教师职业的传统美德。

3、教师道德规范在教育过程中的调节功能，具有自我立法的主体能动性。教师劳动始终是一个人与人之间相互作用、相互影响的过程。在教育过程中教师必须调节广泛、复杂的人际关系。与其他职业劳动相比，教育过程中的人际关系有两个特点：一是关系众多复杂。教师不仅要处理好与劳动对象即学生的关系，而且要处理好与教师集体、学校领导、学生家长及社会有关方面的关系。二是各种关系中诸因素之间的交互作用，从而使学生总是处在学生集体、教师集体、学校集体、学生家长和社会环境的多重影响之中，要使教育过程形成一个符合教育目的的合力，必须充分发挥教师道德规范对教育过程中各种伦理关系的调节作用。这里的关键问题是使教师的道德行为规范体系从他律的“你应当这样做”转化为教师道德主体自律的“我应当这样做”。例如，有了爱岗敬业、教书育人、献身教育的道德义务感，教师就可以处理好与社会发展和教育事业的关系。有了热爱学生、诲人不倦、以身作则、为人师表等自我立法的职业良心，教师就可以建立平等、民主、合作、人道的师生关系，形成师生共学、教学相长的良好气氛。有了爱校乐群、团结协作、贯彻方针、依法执教的社会责任感，就更可能使教师集体、学校领导、学生家长和社会各界形成兴教育人的良好社会风尚。最后，教师道德对社会风气的影响，比其他职业道德更广泛、更深远，这是由教师的职业特点决定的。教师道德不仅在学校教育和影响学生，还通过各种途径和方式影响着社会，促进全社会道德水平的提高。具体表现为：一是通过培养的学生，通过学生影响的家庭、单位、社区，进而广泛影响社会。二是教师道德人格影响的深远性。由于教育是人与人心灵上的相互交流和相互塑造的过程，所以，教师的道德人格以知识、智慧、情感、意志和信念等心灵力量为中介作用于学生心灵深处，不但直接影响学生在校期间的成长，甚至可以通过塑造学生的品德、个性，人格影响其一生，进而影响到整个社会的前途和未来。

第四节 职业道德与教师道德

教师道德是众多社会职业道德中的一种。职业道德是反映特定职业特征的道德准则和规范，是社会道德的重要组成部分，存在于人们的职业活动中，随着职业活动内容的发展而发展。了解社会职业道德和教师道德的形成、发展，是把握教师道德规范的前提。

一、职业道德的产生与发展

在我们的社会，存在着各种各样不同的职业。职业生活是人类社会生活的有机组成部分。与婚姻家庭生活需要有婚姻家庭道德，社会公共生活需要有社会公共生活道德一样，职业生活也需要有职业道德。

但职业并不是从来就有，职业道德也不是从来就有的。

社会分工是产生职业和职业道德的社会条件。在生产力落后的蒙昧时期，没有社会分工，也就没有职业，没有职业道德。随着人类社会生产力的发展，人类经历了三次社会大分工，产生了各种各样的职业。特别是社会的第三次分工，使脑力劳动和体力劳动相分离，极大地促进了社会的文明进步和生产力的发展，使社会分工更加明确和稳定，行业越来越多。如有农业、工业、商业以及各种社会服务业等大产业，各产业又有许多具体行业，如工业中有采掘业、造纸业、纺织业、铸造业等。这些行业具有不同的社会职能，成为各种社会职业的组织基础。随着社会现代化的进展，社会职业日益向专门化、多样化、现代化和高科技化发展。

人们在长期的职业实践活动中，承担着各种不同的职业责任，逐渐认识了职业的专门业务要求，认识了与职业活动相关的各种内外部道德关系和道德要求，逐渐产生了与职业活动相联系的道德意识、道德行为和道德规范。不同的职业在为社会提供服务中显示其特殊的职业特点，并形成了与本行业要求相适应的职业道德准则和规范，以调节与其他行业及社会成员的关系。

二、职业道德的特点

职业道德是社会道德的重要组成部分，是社会道德在职业活动中的具体体现和应用，成为一般道德原则和道德规范的重要补充，其性质、类型、价值取向从属于社会道德，同时又有着不同于一般社会道德的特点。表现在：

（一）职业道德具有专业性、具体性

职业道德反映了职业活动的特殊性和专业特点。具体的职业道德反映了这一行业人员的职业权利和义务、行业利益和社会责任，对本行业的从业人员起着约束作用；例如，我国社会强调的敬德保民、廉洁清正、刚直不阿、忠言直谏、奉法循理、任人唯贤等，一看就知道是为从政为官的道德要求；孙子提出的“智、信、仁、勇、严”。受命而不辞，破敌而后言返，将之礼也。故师出之日，有死之荣，无生之辱。这是对将帅的道德要求；唐代名医孙思邈提出对病人“不得问贫贱贵富，长幼妍蚩，怨亲善友，华夷愚智，普同一等，皆如至亲之想”则体现了医德的专业特征。在现代社会，各行各业的职业道德更加具体，也更突出了职业的特点。

（二）职业道德具有多样性、实用性

社会上有多少种行业，就有多少种职业道德。现代职业道德就有农民道德、工人道德、干部道德、教师道德、学生道德、科技道德、商业道德、医务道德、司法道德、新闻道德等。职业道德的表达形式简明、活泼、多样，容易熟悉和实践，常常通过各种规章、制度、守则、公约、誓言、诗歌等形式来反映，具有很强的实用性和可操作性。职业道德具有历史的连续性和共同性。同一种职业，有着共同的专业特点和基本的道德要求，随着社会和职业劳动的发展，形成了世代相传的职业传统，具有较强的稳定性和连续性。如救死扶伤是医生的天职，公平交易是商业的基本道德等。在同一社会历史阶段，各行业的道德要求又有着共同点，如忠于职守、精通业务、认真负责、文明礼貌、尊重他人等等，成为各种职业道德规范的共同内容。

（三）职业道德还具有时代性

在不同的历史时期，职业道德的社会属性、内容和要求也会发生变化，表现出鲜明的时代特点。在以小农经济和小手工业生产为基础的古代社会，宗法家长制特点很突出，等级很明显，安守本分是重要的职业道德。建立在机器大工业生产基础上的近代社会，职业活动日益社会化，非常强调职业的权利和义务等。

三、教师道德的形成及其地位

教师道德是随着教育职业的产生、发展而形成和发展的。当教育从社会分工中独立出来成为专门的行业后，教师也就成了一种专门的社会职业。

有了教师职业，人们就开始了对教师道德的思考，并由一些教育家、思想家在其教育论著中表达出来。如我国古代师德思想反映在著名的《学记》、《师说》等论著中，捷克教育家夸美纽斯的《大教学论》、英国洛克的《教育漫话》等教育论著反映了西方部分国家的师德思想。师德思想在近现代蓬勃发展。20世纪，各国陆续出版了有关师德的专著，如《教师道德》、《教育伦理学》等，并逐渐成为一门学科，作为各国高等师范院校培养教师的一门课程。

在我国，教师道德具有重要的社会地位和作用。

首先，教师道德是社会主义精神文明的重要内容，对社会主义市场经济的健康发展有着重要的作用。人才是社会经济发展的首要条件，在现代社会，人才的道德素质将对社会和经济竞争的成败起决定性作用。教育是社会主义现代化建设的基础工程，肩负着为各行各业培养合格人才的重任。教师道德影响着人才道德素质的培养，也影响着社会主义精神文明的建设和社会主义市场经济的健康发展。据我国一项关于12个行业的道德状况的调查显示，教师道德的形象被认为最好。搞好教师职业道德建设，发挥师德的教育功能，扩大师德的社会影响力，对社会主义精神文明建设和市场经济的健康发展有重要的意义。

其次，教师道德是社会主义教育事业的灵魂，对教育的改革和发展具有重要的保证作用。教育是培养人的社会活动，是一项复杂的社会系统工程。我国社会主义市场经济体制的建立，对教育提出了大改革和大发展的要求，也给教育带来了挑战，使教师面临着许多困惑，教育道德状况复杂化。据1997年广东省中小学教师职业道德调查材料显示，中小学教师有86．19%表示热爱自己的职业，但对教师的社会地位评价较高的只有28．74%，赞同从事第二职业的有57．44%。这表明广大教师对教师职业的认同，但对现实中教师的社会地位，特别是经济地位不高的状况产生了复杂的矛盾心理。教师承担着实施教育的方针、目的和任务的责任，是教育改革和发展的主体。教师道德是调节教育内外部各种复杂关系的重要机制。加强社会主义教师道德建设，提高教师的道德素质，是解决教师的各种困惑，迎接各种挑战，保证教育改革沿着正确方向发展的必要措施。

再次，教师道德重要意义。教师自身的道德修养和人格完善具有多重的社会角色；作为“人师”，教师的性格、言行、仪表等都对学生产生着影响，要为学生树立良好的道德榜样；作为一个家庭主要成员，要承担养老育幼的责任，既要尽家庭道德的义务，又要负责家庭经济的收与支，是家庭的支柱；教师作为现代社会的成员，需要参与各种社会活动，与社会发生着各种联系。

多角色集于一体，往往会产生角色心理冲突，使教师在个体与教育、与家庭成员、与社会等道德关系中，会产生精神上和经济利益上的矛盾与冲突，需要有一种主导角色，道德进行调节。教师职业是联结教师与教育、与家庭、与社会的桥梁，是教师满足精神需求、实现个人自我价值和社会价值的基础，也是获取物质生活来源的条件。

师德应是调节多重道德关系的主导角色，道德师德具有特殊的社会地位，是一种崇高的道德，具有很高的社会威望和影响力，对教师自身的道德修养，也有很大的感染力和约束力，能有效地调节教师的行为，促使教师自觉地进行道德磨练，提高自己的道德水平，形成高尚的人格。社会主义师德建设是教师身心健康发展和人格完善的要求。

最后，教师道德是社会主义道德的有机组成部分，对社会道德建设具有重要意义。现代社会是一个高度专业化和职业化的社会，职业活动是主要社会活动。职业道德是社会道德的具体化，职业道德的状况决定着社会道德的状况。建设有中国特色的的师德体系，是丰富和发展我国社会主义道德的需要。

第五节　贯彻方针　遵纪守法

要说明贯彻方针与遵纪守法的问题，得先说说政策与法律的关系。法律与政策的关系极为密切；国家的重要政策，往往上升为法律。法律比起政策而言，更加具体、明确，能使人们较清楚地认识自己所享有的合法权利和应承担的法定义务。

我国的《宪法》、《教育法》、《义务教育法》对我国的教育方针、政策作出了规定。教师在工作中是否全面贯彻教育方针，不仅是职业道德好坏问题，而且是有无遵纪守法问题；违背了教育方针，就是违反了法律，违背了基本的职业道德。

《教育法》第五条明确规定了我国的教育方针：“教育必须为社会主义现代化建设服务，必须与生产劳动相结合，培养德、智、体等方面全面发展的社会主义事业的建设者和接班人。”这一教育方针，归纳了新时期对人的素质的基本要求，是对教育规律和我国教育实践经验的科学总结。

一、贯彻方针重在贯彻邓小平理论

教师要正确理解贯彻方针与遵纪守法的关系，要把贯彻教育方针这一法定义务转化为自觉的道德修养。

当代教师在教育教学工作中贯彻教育方针，内容是多方面的，但最重要的就是要自觉学习、宣传、贯彻邓小平理论。

江泽民同志在党的十五大报告中，对邓小平理论作为马列主义与当代中国实际相结合的产物，作了科学的论述，将邓小平理论确立为党的指导思想，旗帜鲜明地提出要高举邓小平理论的伟大旗帜。这对于促进在全社会形成共同理想和精神支柱，实现中华民族全面振兴，把建设有中国特色社会主义事业全面推向21世纪，有着深远的意义。

我们讲教师要用邓小平理论来指导教育工作，是要求教师运用马克思主义的立场观点方法来研究和解决实际问题，而不是从本本出发；想在本本上找出解决各种实际问题的具体办法，那只能是空想。

教师在贯彻教育方针中，马列主义、毛泽东思想不能丢，同时一定要以我国改革开放和现代化建设的实际问题，以我们正在做的事情为中心，着眼于马克思主义理论的运用，着眼于对实际问题的理论思考，着眼于新的实际和新的发展。把邓小平理论的灵魂贯穿到教育工作中去，解放思想，实事求是，这就要求教师用邓小平理论指导当前的教育教学工作及其改革，提高教育质量和办学效益。

（一）教师学习好、运用好邓小平理论

正确的理论对于促进全社会共同理想和精神支柱的形成，引导学生树立正确的世界观、人生观、价值观，培养青少年的爱国主义、集体主义、社会主义、人道主义和艰苦创业精神，起着极其重要的作用。

在师德建设中，遵纪守法、依法执教是教师职业道德的一个基本规范，教师遵守教育法纪，就是遵守基本的教师职业道德。在文明社会，法律、纪律、道德是保障经济发展和社会全面进步的有效工具。法律具有普遍的约束力，靠国家强制力量发挥作用；而道德主要是依靠人们内心的信念维持。如果一个社会只靠国家强制力量去强制、约束人们，国家就必须花费大量人力、物力去控制社会，而效果不一定好。一道法令想要得到较好的执行，必须保证它在社会心理上的效能，得到人们的认同、支持，变外在的强制为人们内心的接受，转化为人们自觉的道德观念。

（二）教师在教育工作中自觉地贯彻教育方针

教师有良好的职业道德修养的体现，也是教师在实践中以身作则地宣传、贯彻国家的教育法律，这对促使人们认同、支持法律起着极为重要的作用，是其他途径所无法代替的。

有的教师认为贯彻方针与遵纪守法是领导者的事，可以“事不关己，高高挂起”。其实不然，贯彻方针与遵纪守法同教师的教育教学活动息息相关。现实中有的教师存在一些错误言行，与不知法、不守法有很大关系。比如有的教师认为自己喜欢怎样对待学生就可以怎样对待，是给学生 60 分还是 80 分，全凭个人对学生的好恶，而不是以学生的实际成绩为准；有的教师对差生采取不管不问的态度，甚至为了不让差生拖教学评比的后腿，不及格的给及格，低分的给高分。这些做法不仅违背了道德，而且违背了法律，是对学生公正地受教育等权利的侵害。

二、以培养全面发展人才为己任

我国《教育法》第五条规定的教育方针，其基本内容就是要培养全面发展的人才。不论是从职业道德修养、贯彻教育方针，还是遵纪守法方面讲，作为教师，都应自觉以培养全面发展人才为己任。

根据我国的教育方针，普通中小学是基础教育阶段，要培养全面发展人才，必须实现三个方面的基本任务：

（一）培养学生高尚的情操

养成学生正确的世界观、人生观、价值观，发展学生个性。

在教育工作中，教师要向学生进行思想教育，引导他们坚持社会主义的政治方向，学习；运用马列主义立场观点方法去观察、分析和解决问题。教师要结合学科特点，在教学活动中注意激发学生爱科学、学科学、用科学的热情和对科学的求知欲、好奇心，树立对事业的信心，增强对工作的责任感，培养实事求是的作风，锤炼出学生坚强的意志和勇于克服困难的精神；使学生的气质、兴趣、性格等个性品质得到充分发展。

（二）引导学生掌握基础知识和基本技能

知识是人们对事物的认识和经验的概括。将知识运用于实际的能力叫技能。知识浩如烟海，运用知识的技能千变万化。普通中小学教育要传授给学生的，只能是其中最基本的科学知识和最起码的运用知识的技能。中小学阶段任何学科的教学，都要首先保证学生学好基础知识和基本技能。这是我国学校教学工作的基本经验和优良传统。

（三）发展学生的能力和体力

能力是人们认识世界和改造世界的本领。能力包括：一般能力，如观察力、记忆力、思维力、想象力等；特殊能力，如自学能力、写作能力、计算能力、表演能力、组织能力、科研能力等。随着社会实践范围的不断扩大，现代科学技术的迅猛发展，社会需要新一代掌握的知识和能力越来越丰富。不仅要让中小学生掌握最基本的知识和技能，还必须培养他们的能力，为今后独立获取知识技能创造条件。特别要注意发展学生的观察能力、思维能力和实际操作能力。同时还要注意发展学生体力，促进学生的正常发育和生理机能的正常发展，从而增强学生体质。现实中有的教师只注重对学生智力的培养，忽视对学生能力和体力的培养，采取满堂灌、拖堂、布置大量课后作业等不科学的教学方法，不利于学生的全面发展。

邓小平同志指出：“我国的经济，到建国一百周年时，可能接近发达国家水平。我们这样说，根据之一，就是在这段时间里我们完全有能力把教育搞上去，提高我国的科学技术水平，培养出数以亿计的各类人才。我们国家，国力的强弱，经济发展后劲的大小，越来越取决于劳动者的素质，取决于知识分子的数量和质量。”

有五千年古老文明的中国，如果想跻身世界强国前列，必须培养出全面发展的几代人去艰苦奋斗。而“一个学校能不能为社会主义建设培养合格的人才，培养德智体全面发展、有社会主义觉悟的有文化的劳动者，关键在教师。”可以说教师是否以全面发展人才为己任，直接影响我国能否建设成为富强、民主、文明的社会主义国家。教师，应无愧于人民的重托、时代的使命，要把蕴藏在学生心中的理想之火和求知的热望点燃；教师，要站在时代的前列，祖国建设和国际竞争对21世纪人才的需要出发，以强烈的事业心和责任感，贯彻党和国家的教育方针，培养全面发展人才。

第六节　依法治教　依法执教

依法治教，着重是从规范管理教育事业角度来讲的。依照符合教育发展规律和适合本国国情的教育法律来治理教育，已成了教育发展的必然趋势。

依法执教，是着重从教师自身的行为准则角度讲的。教师应自觉依照国家的教育法律，履行教书育人的职责，为贯彻教育方针、培养全面发展的社会主义建设者和接班人作出应有的贡献。

一、依法治教，是教育发展的必然趋势

自第二次世界大战结束以来，世界文明国家普遍认识到把教育纳入法制轨道的重要性，多数文明国家制定了较为完备的教育法律，并依照这些法律治理教育，这对于各国教育的发展起了重要作用。

我们通常讲的依法治教就是指国家对教育事业的管理实现制度化，严格依照教育法律处理各种教育关系。依法治教包括了有关教育的立法、执法、司法、守法和对教育法律实施的监督等环节。

现代文明社会已逐步摆脱了某些或个人随心所欲操纵、摆布教育的悲剧。按符合社会发展要求的教育法律治理教育，是人类社会教育从混乱随意走向科学有序的巨大进步。因为一部教育法律的出台，往往要经过严格的程序，集中了许多人的智慧，经过较充分严密的论证，比起某些或个人一时的意志，教育法律本身通常更能反

映教育发展的规律，适应教育发展的需要。

（一）我国要实现依法治教

在教育迅猛发展的今天，我们既要制定较完备的教育法律，做到有法可依，这是前提和基础；又要要求全体公民，特别是执政者严格执行和遵守教育法律，健全民主监督制度和建立公正的教育司法制度，尽可能做到有法必依、执法必严、违法必究。

1. 改革开放以来，我国先后颁布了《义务教育法》；《教师法》、《教育法》、《职业教育法》等法律，国务院颁布了《义务教育法实施细则》、《残疾人教育条例》等行政法规，国家教委等部委颁布了一系列有关教育的行政规章，省、自治区、直辖市以及省级人民政府所在地的市和经国务院批准的较大的市的人大及其常委会、政府颁布了大量有关教育的地方性法规、地方性规章，等等；初步构成了我国的教育法律体系，使我国的教育事业基本上做到了有法可依。但我国的教育法律体系还需进一步完善，有关教育的很多重要问题尚未用法律加以规定，有些教育法律本身不完善，有些规定显得笼统抽象、实际操作性不强。

2. 现实中存在的违反教育法律现象，也是实现依法治教进程中要排除的重大障碍。我们所进行的问卷调查和实地调查表明，有些地方违反教育法律的现象还较严重：有的镇教育办公室工作人员违法乱纪、滥用职权等现象严重；有的校长、教育行政部门负责人任人唯亲，打击、报复、压制持不同意见的教师，把一些素质低劣的人安排进教师队伍；有的学校的管理制度违背了国家关于加强素质教育的规定，评定教师的工作实绩单纯以教师所任班级科目的分数来决定，等等。党和政府非常重视教育领域存在的这些问题，决心采用严厉的法律制裁手段惩治腐败，整治违法乱纪现象，强化教育法律的实施。我们不回避问题，但要有正确的认识。一个国家要真正实现依法治教，需要通过几代人的不懈努力，依法治教，与国家的经济发展程度和社会进步水平密切相关，与国家的法治程度息息相关。一句话，我们要认识到实现依法治教的长期性、艰巨性。

正因为实现依法治教并非一朝一夕之事；教师对推进依法治教就起着极为重要的作用。教师模范地遵纪守法，以自身的实际行动带动广大干部和群众遵纪守法，推动全社会形成遵纪守法的良好风尚。除了模范地守法，教师还要积极参与管理教育事务，为教育立法出谋献策，严格执行教育法律，制止违反教育法律的行为，监督教育法律的实施。各地中小学建立合法、合理又切合本地区学校实际情况的各种具体规章制度，也是实行依法治教的重要方面。比如有些地方依照法律并结合本地区学校实际，制定了《教师教学量化管理细则》、《转化差生量化评比细则》、《学生德育工作量化细则》、《教职工岗位职责》、《落实教学常规方案》、《教职工履行岗位职责量化计分考核评估方案》等系列制度，使学校内部管理制度化，稳定了教学秩序，规范了教师行为，使学校工作走上了正常化、规范化道路。各地区、各学校应继续重视各种规章制度的建设，使法律的规定落实到教育教学工作中去，促进依法治教。在制定各种具体规章制度时，要广泛听取、吸收教师的合理意见，教师要遵守本地区、本学校各种合法、合理的具体规章制度。

经过全社会的共同努力，随着我国社会主义民主和法制建设的日益加强，随着我国社会主义市场经济体制的建立和完善，随着我国经济稳步发展和社会全面进步，我国一定能真正实现依法治教。

二、依法执教，是师德不可缺少的内容

教育法律集中规定了基本的教师职业道德规范；依法执教，是文明国家对教师基本的职业道德要求。我国 1997 年重新修订颁布的《中小学教师职业道德规范》第一条就规定："依法执教。学习和宣传马列主义、毛泽东思想和邓小平同志建设有中国特色社会主义理论，拥护党的基本路线，全面贯彻国家教育方针，自觉遵守《教师法》等法律法规，在教育教学中同党和国家的方针政策保持一致，不得有违背党和国家方针、政策的言行。"可见，依法执教，也是我国对教师基本的职业道德要求。

（一）教师要做到依法执教

要做到心中有法，从教育内容、方法到手段等都要符合法律的规定。

我们的绝大多数教师，是能够依法执教的。但在我们的调查中也发现少数教师不依法执教，一些教师的行为违反了我国教育法律。例如，一些学校存在的体罚学生现象，损害了学生的身心健康；再如，个别教师歧视家庭贫穷的学生、身体有残疾的学生或学习成绩差的学生，违背了教师应履行的法定义务和职业道德。春秋时代孔子就提出"有教无类"的教育主张，提出对学生应一视同仁，不论学生的贵贱、贫富、善恶、智愚，均给以教育，不应有所歧视。孔子的弟子中，有极贫穷的，如颜回；有父亲被看做是"贱人、品行不好"的，如仲弓，他都尽心教诲。几千年前的我国教育家就倡导教育公正观念。现时代的教师要做到依法执教，更应树立教育公正观念。这是实现自觉依法执教的前提。

自从人类社会发生公正与不公正的社会问题以来，公正一直被视为人类社会的美德和崇高理想，无数仁人志士为了追求公正而抛头颅洒热血。许多思想家和法学家强调法是维护和促进公正的艺术或工具，公正是法的实质和宗旨。

（二）依法执教体现教育公正

依法执教这一职业道德规范，必然要求教师内心树立教育公正观念。如果没有教育公正观念，就连起码的教育法律都难以真正遵守，更谈不上什么高尚的师德修养。因为，法是实现公正的手段，法的价值在于实现公正。抛弃了公正观，就是抛弃了法的实质和宗旨。

教育公正，是指教师在教育教学活动中，在处理包括师生关系、同行关系等在内的人际关系时，在评价教育活动和各种现象时，能做到出以公心，为人正直，公平合理地加以对待和评价，力戒偏私、徇私、营私的不良行为。其中，公平合理地对待和评价所有学生，是教育公正的核心内容。教师树立了教育公正观念，才有可能按教育法律的精神实质开展教育教学工作。教育公正要真正成为教师的内心信念，需要具有良好的社会历史条件等外因，而更为重要的是需要靠教师提高自身道德觉悟水平。教师要在工作中坚持真理、秉公办事、赏罚分明、平等待人，这是教育公正的基本要求。

教师要做到依法执教，应依照法律进行教师职业行为选择。因为依法执教，关键是在教育教学工作中自觉贯彻教育法律法规。这就要求教师在教育公正观念引导下把法定的职业规范转化为教育教学实践活动，即依照法律进行教师职业行为选择。

第七节　学高为师　德高是范

一、学高是现代教育的要求

常言道："学高为师，德高是范"。教书育人，教书者必先学为人师，育人者必先行为范。

师德是教师最重要的素质，是教师之灵魂。教育家蔡元培先生曾这样说过："要有良好的社会，必先有良好的个人；要有良好的个人，必先有良好的教育。"推而广之，有良好的教育，必先有优秀的教师。有位古人告诉我们：师者，传道，授业，解惑也。作为一名教师，我们教育学生的第一目的就是"传道"，即教授做人的道理，第二才是知识和技能。俗话说，教育是一个良心活！这句话一针见血的道出了师德的重要性，因此树立良好的师德形象，是每一位教师都必须遵循的原则。保罗韦蒂博士将"友善的态度"即爱学生，善待学生，放在了第一位，爱是每一位学生都希望的道德精神雨露，爱犹如春雨，无论滋润了哪位学生的心田，都会产生巨大的力量，自立进取，正因为如此，学生渴望爱的哺育甚至超过了对知识的需求，热爱一个学生就等于塑造了一个学生，而厌弃一个学生无异于毁坏了一个学生。爱学生是教师最重要的职业道德。爱学生就必须做真诚的倾听者，不做真诚的倾听者，就谈不上爱学生。最近看到这样的一则故事，美国知名节目主持人林克·莱特，一天他访问一个小朋友，问他"你长大了做什么？"这个小朋友回答说，"我想当飞行员”。莱特接着问，“假如有一天你的飞机飞到太平洋的上空，所有的引擎都熄火了，你会怎么办?”孩子想了想回答说：“我先告诉飞机上的人系好安全带，然后我挂上我的降落伞，先跳下去。”当场上的观众都笑的东倒西歪时，莱特仍然注视着孩子问：“为什么要这样做呢?”孩子回答说，“我要去拿燃料，我还要回来!”看到这里，我想倘若没有林克莱特的那份亲切，那份平和和耐心的倾听，在观众笑的东倒西歪时，孩子还会有勇气说出这人世间最善良，最纯真的话语吗? 所以老师要倾听，学生才会说出心里话的勇气。倾听是理解、是尊重、是接纳。倾听就是爱。教师的工作的“示范性”和学生特有的“向师性”，使教师在学生心目中占有非常重要的地位，孔子曰：“其身正，不领而行，其身不正，虽令不从。”学生总是把教师作为自己学习模仿的对象。教师需从小事做起，从自我做起，率先垂范，做出表率，以高尚的人格感染人，以和蔼的态度对待人，以丰富的学识引导人，以博大的胸怀爱护人。只有这样才能保证教书育人的实效，学生才会“亲其师，信其道”，进而“乐其道”。这是每一个教师都应该铭记在心，并且用来作为自己行动指南的一句话。它表明，一个优秀的教师不仅要具备丰富的知识，更要具备良好的师德，使自己所教的学生，不仅在学业上有所收获，更要学会如何做人。平时在做好知识的传授的同时，更要注重对学生的思想教育，做到关心他们的生活，尤其是家庭困难的，对他们体贴入微，照顾好每一位。在接收新班级时，先对学生的家庭有一个系统的了解，掌握他们的性格和脾气，爱好和特长，努力寻找出因人而宜的灵活的教育方式。

二、师德是教师修养的根本

师德，顾名思义就是教师的职业道德，是教育工作者从事教育所必须遵循的各种道德规范的总和，是社会道德的一个组成部分。教师的道德是教师的灵魂，师德是教师职业理想的翅膀，教师的工作是神圣的，也是艰苦的，教书育人需要感情、时间、精力乃至全部心血的付出，这种付出是要以强烈的使命感为基础的。“育苗有志闲逸少，润物无声辛劳多”。一个热爱教育事业的人，是要甘于寂寞，甘于辛劳的。这是师德的首要条件。教师，代表了希望与未来，是一个国家民族精神维系的基础，是社会进步的保障，是人类智慧和文明的薪火传递者。小学教师不但担负着培养德智体美全面发展的人才的重任，而且对国家道德建设也具有重要作用。因此，作为教育者，教师不仅要有广博精深的学识，而且应有崇高的品行。孔子曰：“其身正，不令而行；其身不正，虽令不从。”教师的道德是一面镜子，在育人中具有重要的心理导向、道德导向和价值导向作用。教师的高尚师德如春风细雨，潜移默化地陶冶青少年学生的品德。我们教师若不是路标，你讲的道理再透，教育的形式再好，艺术性再强，都是无根之树、无源之水、无雨之云、无光之灯！每个教师的一举一动、一言一行、一思一想、一情一态，都清晰而准确地印在学生的视网膜里、心光屏上，都有意或无意地进行着现场的观摩表演，这就是无声路标的示范性，这种示范性将在学生的心灵深处形成一股排山倒海般的内化力。

教书育人，教书者必先学为人师，育人者必先行为世范。今天，面对全面建设小康社会的新形势、新任务，面对课程改革的新标准、新要求，我们应该进一步加强师德修养。第一这就要求教师对某一学科知识丰富、业务精通、治学严谨、注重创新，这也是师德不可或缺的组成部分。教师在教学过程中，具备坚实的基础知识、精深的专业知识和较高的学术水平，才使学生产生一种信赖感，进而转化为一种很强的人格魅力，去激励、鞭策学生身正为范。第二，教师以德为本，身正为范。教学质量的提高，很大程度上取决于教师影响力或者是个人魅力的大小，而教师的魅力主要由品格因素、才能因素、知识因素和情感因素组成。身教重于言教，教师职业的示范性极其重要，师德在细微处，这就需要老师们从点滴做起，要求自己必须时时、处处用模范的言行去影响学生、教育学生。第三，我们要在真实的道德冲突中实现道德的发展。教师也是真实生活情境的个体，在那些复杂而难以取舍的道德冲突面前，有时侯，要做出正确的判断很难。但只有这样的真实经历，才真正考验着我们的道德。我只想说，“德”是一个人内心对自己的要求，底线高了，“品”自然就高。一些失误往往就是因为降低了自己的底线，只有在真实的经历中自己与自己对抗，师德素养才会有所提高。

作为一名光荣的人民教师，不仅要具有广博的知识，更要有高尚的道德。教师该如何培养崇高的职业道德？古来就重视师德，不同时代对之有不同的要求，现代师德是对古代师德的继承与发展，当今对师德赋予了新的内涵。

（一）奉献教育、敬业爱岗是师德素养的根本

奉献教育、敬业爱岗是师德素养的根本。是师德素养要热爱教育事业，要对教学工作有“鞠躬尽瘁”的决心。既然我们选择了教育事业，就要对自己的选择无怨无悔，不计名利，积极进取，开拓创新，无私奉献，力求干好自己的本职工作，尽职尽责地完成每一

项教学工作，不求最好，但求更好，不断的挑战自己，超越自己。教师的职业有苦也有乐，只有爱岗敬业，教师才能积极面对自身的社会责任和社会义务，才能自觉、不断地完善自我，才能在教育活动中有所收获。教师不仅仅是在奉献，而且同样是在汲取，在更新，在升华。教师要付出艰辛的劳动，但是苦中有乐，乐在其中。教师最大的乐趣就是照亮了别人，充实了自己。有了这种成就感、幸福感，千千万万的教师不辞辛劳地为教育事业奉献。

（二）以生为本，关爱学生是师德素养的核心

以生为本，关爱学生是师德素养的核心。是师德素养的核心热爱学生，了解学生，循循善诱，不歧视学生，建立民主平等、亲密的师生关系，做学生的良师益友。教师对学生的爱，是师德的核心。教师对学生的爱，是一种只讲付出不记回报、无私的、广泛的且没有血缘关系的爱。这种爱是神圣的，是教师教育学生的感情基础。学生一旦体会到这种感情，就会“亲其师”，从而“信其道”，也正是在这个过程中，教育实现了其根本的功能。崇高的师爱表现在对学生一视同仁，绝不能厚此薄彼，按成绩区别对待。要做到“三心俱到”，即“爱心、耐心、细心”无论在生活上还是学习上，时时刻刻关爱学生，特别对那些学习特困生，更是要“特别的爱给特别的你，切忌易怒易暴，”言行过激，对学生要有耐心，对学生细微之处的好的改变也要善于发现，并且多加鼓励，培养学生健康的人格，树立学生学习的自信心，注重培养他们的学习兴趣。

（三）以身作则、率先垂范是师德素养的体现

以身作则、率先垂范是师德素养的体现。素养体现在教师的一言一行对学生的思想、行为和品质具有潜移默化的影响，教师一言一行，一举一动，学生都喜欢模仿，将会给学生带来一生的影响。

因此，教师一定要时时处处为学生做出榜样，凡是教师要求学生要做到的，自己首先做到；凡是要求学生不能做的，自己坚决不做。严于律已，以身作则，才能让学生心服口服，把你当成良师益友。

（四）更新观念、努力创新是师德素养的新发展

更新观念、努力创新是师德素养的新发展。素养的新发展要从以“教”为出发点转变为以学生的“学”为出发点，教为学服务，教不是统治学生学、代替学生学，而是启发学生学、引导学生学。课堂要成为学生学习的用武之地，成为学生在教师指导下获取知识、训练能力、发展智力以及思想情操受到良好熏陶的场所。教师应是教练员，不是运动员，要让学生运用感觉器官和思维器官，去学习、去实践。作为一名教师，最重要的是要热爱教育事业，只有充满了对教师职业的无限热爱，才会在教育岗位上兢兢业业，无私奉献；同时，作为一名教师，应该热爱学生。每一个学生都希望得到老师的爱，师爱是一种巨大的教育力量，它能使学生感觉到教师的温暖，产生愉快的情绪，激发学习的兴趣，感受到别人对他的希望，集体对他的信任，从而收到良好的教育效果。在今后教育教学中，我们应从以下几方面完善自我、做好工作：

1. 不断加强学习，提升自我，完善自我。社会在发展，知识在更新，知识容量在扩大。不学习，就跟不上时代的步伐。只有不断学习，才能够不断充实自己，才能不断吸收新的教育思想、教育理念、教育模式、教育方法和教育途径。学校教育虽说由师生两个主体共同完成，但关键还是在于教师。教师的主导、导向作用是十分重要的。用什么样的教育思想、理念、模式、方法、途径来完成自己的教育、教导，将直接影响到学校的教育教学效果。只有不断学习，才能不断提升自己、完善自己。

2．加强师德建设，提升自身素质。教师的责任是教育学生，然而学生的思想品德，很大程度上不是教出来的，而是感染出来的。教学中依赖的是富有感染力的课堂气氛，以及教师的人格力量和起表率作用的言行举止。推进教育教学的融合管理的根本保证是有一支思想过硬、品德高尚、为人师表的教师队伍。这支队伍要全员有意识、人人有责任，人人都要成为学生心目中的道德权威。教育是心灵与心灵的交流，对学生道德纪律的实施需要借助的是教师的道德权威，而不是行政手段，更不是纪律强权。道德权威来源于教师的师德，教师的人格力量。

3．心中有学生，多一份关爱，多一份牵挂。在我们心中要有学生，要充分认识到学生在学习过程中的主体地位。每位教师要重视感情上的熏陶。在教育教学过程中要特别注意与学生心灵的沟通，自觉地把培养美好感情作为教育、教学中的一项重要内容和目标。情是师生交流的纽带。作为教师对学生必须具有普遍的爱，爱每一个学生，师爱是教师职业道德的核心，它兼具有父亲式的严格，母亲式的温柔，朋友式的平等。是每位教师在教育教学实践中自然流露出的对学生的关心和期望。它是学生心灵的重要支撑，它为学生共同生活的学习提供着爱的示范，对学生行为起着强烈的潜移默化作用。我认为师德主要体现在平时的工作之中——在工作中让家长满意，让学生满意，让社会满意，真诚的善待每个学生，才能为学生树立良好的榜样，才能提高自身的人格魅力，才能赢得社会的普遍理解和信任，才能成为学生的良师益友。

为·师·授·业·丛·书

为师篇：为师之道

下

高峰◎编著

中国出版集团
现代出版社

图书在版编目(CIP)数据

为师篇:为师之道(下)/高峰编著. —北京:现代出版社, 2014.3

ISBN 978-7-5143-2156-2

Ⅰ. ①为… Ⅱ. ①高… Ⅲ. ①为师之道-通俗读物 ②为师之道-通俗读物 Ⅳ. ①I-49

中国版本图书馆 CIP 数据核字(2014)第008510号

作　　者	高　峰
责任编辑	王敬一
出版发行	现代出版社
通讯地址	北京市安定门外安华里504号
邮政编码	100011
电　　话	010-64267325 64245264(传真)
网　　址	www.1980xd.com
电子邮箱	xiandai@cnpitc.com.cn
印　　刷	唐山富达印务有限公司
开　　本	710mm×1000mm 1/16
印　　张	16
版　　次	2014年4月第1版 2023年5月第3次印刷
书　　号	ISBN 978-7-5143-2156-2
定　　价	76.00元(上下册)

目 录

第五章 师生关系

第一节 师生之间的关系概述 ………………………………………… 1
第二节 师生之间的交往 ……………………………………………… 12
第三节 师生之间的关系行为 ………………………………………… 20
第四节 师生交往关系的教学功能 …………………………………… 33
第五节 建立良好师生关系及其重要性 ……………………………… 44

第六章 课 堂

第一节 如何有效备课 ………………………………………………… 52
第二节 高效课堂教学模式实施中可能出现的问题 ………………… 57
第三节 打造魅力课堂 ………………………………………………… 63

第七章 教育工作的点滴

第一节 寓教于诗,巧用数字 …… 70
第二节 节日、纪念日、主题日与教育活动 …… 74
第三节 “反马太效应”的作用 …… 76
第四节 善用幽默育人 …… 78
第五节 广集信息,厚积薄发 …… 80
第六节 学生“无情”,教育有情 …… 82
第七节 借少还多,激将进取 …… 85
第八节 送学生一张进步卡 …… 87
附录一:中小学教师职业道德规范 …… 90
附录二:解读《中小学教师职业道德规范》 …… 100
附录三:新教师法全文 …… 110

第五章　师生关系

第一节　师生之间的关系概述

一、良好师生关系的意义

师生关系是教育过程中人与人的关系中最基本和最重要的方面，是教师与学生教育过程中，以“传道、授业、解惑”为中介而形成的一种最基本和最主要的人际关系，也是一定社会政治、经济和道德等关系在教育领域中的反映与体现。

师生之间关系如何，直接影响着教育工作的效果。有的教师虽然知识渊博，功底深厚，但不利于同学生建立融洽的师生关系，甚至产生对立情绪，学生往往因为对这位教师的成见而不愿意学他所授的那门学科。相反，有的教师不仅注意提高自身的业务素质和专业水平，更利于同学生建立亲密的人际关系，学生往往因为对这位教师的喜欢而特别爱学他所教的学科。学生，特别是小学生，往往为博取教师的喜爱和好感，为获取与教师交往的满足而努力学习，所谓"亲其师，信其道"便是这个道理。教师也会因为学生对他的尊敬和爱戴而更加致力于教育工作。

实践证明，良好的师生关系，有利于调动师生双方的积极性、主动性和创造性；有利于形成轻松愉快和生动活泼的教学气氛；有利于提高教学信息传输的效率和速度。良好的师生关系是有效地进行教学活动，完成教学任务的必要条件。

二、师生关系的社会学考察

班级社会中的师生关系是一个多因素和多维结构的关系体系。就其指向的社会目标而言，有为达成教学目标、完成教育任务而发生的教与学的关系，也有为满足交往需要而形成的人际关系；就发生关系的社会形式而言，有以组织结构形式表现的制度化关系，也有以认知和情感行业为表现形式的心理关系，师生关系中的任何一个因素或变量都可能引起师生关系的变化和发展。

班级社会师生关系的性质，首先取决于教师和学生在班级体制中的地位、身份和角色行为模式。

（一）教师是接受社会的正式委托

教师是在学校中对学生的身心施加特定的影响为其职责的人。社会学家西尔伯曼扩大了教师范畴的外延，不仅仅指学校背景中直接教学过程中的教师，还包括国家教育方针的制定者，教科书、教材的编定者，教育组织的管理者，以及家长、社区、校外教育机构、文化及新闻界工作者等等。这样,教师和教育工作者,从社会学的意义上说,代表了社会的年长一代,成了一定时代社会意志的代理人。社会期望教师成为理性的典范、道德准则的模范、文化学识的权威和特定社会价值标准的维护者。社会有意把保存历史传统和传递文化遗产的任务交给教师,教师应该反映社会过去和现在最好的东西。从教育是一种特定的社会现象来看,教师总是体现一定的社会要求,他的社会职责是促使青年一代的思想行为符合本社会的价值观、规范和习俗,保持社会的延续性。由教育方针、教学计划和社会文化规范组合而成的社会意志和价值标准贯穿于教师的教学行为之中。教师是班级社会教学和教育过程的组织者和领导人。这就是教师在班级社会中所占有的地位、职权和担当的社会角色。

(二)学生是以学习为主要任务的人

在班级社会中,学生的主要职能是学习,这就决定了学生在班级社会关系结构中占据的地位,赋予他们认真地接受教育的社会义务和责任,以及不断促进自身发展的权利。在班级制度中,学生的学习是在教师的指导下,有目的、有计划和有组织地进行的,它是由一定的教师管理制度以及学校和班级的各项规定所决定了的。因此,作为学生的一系列行为模式和规范,不仅要受到社会传统观念和文化习俗等的影响,而且还要为确定的制度所规定。师生之间存在着制度化,各自都负有制度所规定的权利和义务,甚至负有法律上的责任。苏联有一个教育家怀着同情心、富有幽默感地对学生这个社会角色做了这样的描述和评论:"学生这种职业是人世间一切职业中最艰苦的职业,唯独这种职业的工作者——学生,是不可能按个人意愿去改换职业的。他至少得在八年内坚守学生职业的岗位，不能另谋出路。"可见，学生这个社会角色需要成人社会的理解。几乎在一切社会制度和一切时代中以及师生之间的组织制度关系中，教师总是施教者，学生总是受教育者；教师总是领导者，学生总是被领导者；教师总是具有控制学生的威望和权利，学生总是要服从教师要求，听从教师领导。这是宏观社会的经济关系和社会关系结构在班级关系模式中的独特反映和折射。班级的教学过程中，从教学目标的确定和课程的选择直到教学方法，从社会意义上说，就是教师与学生这种制度化的社会关系的形成和发展过程。首先，教师作为教学过程的组织者和领导人，为了形成与社会经济、文化和科技发展相一致的个性，并使之符合特定的价值标准，把教学内容以系统的理论知识的形式从外部灌输给学生，也就是说，教学目标、教学大纲、教科书和教学是强加于学生的；这就必然在师生的社会关系上刻上权力主义、强制和不民主的烙印。同时，教师和学生在教学过程中的分工和交互作用又形成了一种不平等的社会关系：教师的职责是教、控制和训导，学生则只能学、服从和被塑造。如果学生不就范，教师拥有迫使、强制其服从社会意志的种种手段：规章制度、惩罚措施及分数等等。这样教学过程就成了两个对立面的统一物：一方面拥有社会给予的权力和负有社会责任的教师强制学生学习和掌握知识；另一方面，丧失选择自由、被迫从事学习的学生则把教师的行为看成是对他们人格及真正需要的侵犯，他们厌学、懒惰和抄袭作业，扭曲地反抗教师的"教育侵略"。

三、师生之间的关系

(一)师生间的工作关系

师生之间的工作关系是师生为完成一定的教育任务而产生的关系。这种关系具有工具性的目的,即它是以教育活动为纽带,服务于一定的教学任务,是不以教师和学生的主观态度为转移的客观存在。师生之间的工作关系主要表现为教学活动中,教师和学生的教学上的协调一致。

教师与学生之间良好的工作关系的建立,主要是取决于教师的教育水平。如果教师具有较高的教育水平,就能够有效地控制整个教育过程,充分协调他与学生之间的关系,使学生善学、乐学,从而为达到共同的教学目标而努力,取得理想的教学效果。

一个品德高尚和学识渊博的教师必会得到学生的喜爱和尊重。不仅如此,学生还会把对教师的喜爱和尊重反映到教师所教的学科上,乐于接受教师的指导,并付诸于极大的学习热情。同样,学生的积极情绪又强烈地感染着教师的工作热情,激励教师对教育工作投以更大的努力;这样一种良性循环,将有利于教师与学生之间良好工作关系的建立和发展。

(二)师生之间的人际关系

师生之间的人际关系是教师与学生在教育活动中产生的,交往关系。它不是由客观条件所决定的,它的目标是满足人的交往需要。

交往的需要是作为人的一种独立的和主观的需要而客观存在的。无论是教师还是学生，在教育过程中都有强烈的交际需要：教师希望通过与学生的交往得到学生的尊敬、爱戴和信任；学生希望通过与教师的交往，博得教师的喜爱、关心和重视。这种需要推动教师不断提高自己思想和业务水平，力图在交往中以自己的高尚的品质、渊博的知识给学生留下深刻的印象。同时，也推动学生努力学习，认真完成教师布置的各项任务。力求使自己的所作所为更接近教师的期望。因此，师生之间良好的人际关系，可以作为一种推动力，推动教育活动的进行。

然而，师生的交往需要并不是轻易可以得到满足的，它要具备一系列的条件，这就给教育过程中交往的双方提出了诸多的要求和约束。对于教师来说，要求教师一方面应具有高尚的品德，公平、无私、正直、坚定、积极向上，这是品德要求；另一方面要钻研业务，要具有渊博的知识，这是教师赢得学生信任的前提之一；对于学生来说，要求学生有基本的文明水准和道德修养，有强烈的求知欲和探索精神，有对学科知识及教师的热爱，这是学生博得教师喜爱的关键之一。在对师生双方的要求中，贯穿着一个共同的准则，即“爱”。教师爱学生、爱事业；学生爱教师、爱知识。因此，师生间良好的人际关系的标志是：师生之间的互尊互爱，这是师生人际关系建立的思想基础。

（三）师生之间的组织关系

教师和学生在教育过程的结构中，各自有不同的位置、履行不同的职责。这种不同的地位和职责，从组织和制度上决定了他们之间的关系。几乎在一切社会制度和一切时代的师生之间的组织关系中，教师总是施教者，学生总是受教者；教师总是具有控制学生的权威和权力，学生总是要听教师的教导，服从教师的要求。这已成为师生之间组织关系的一般模式。

但是，这种组织制度化的模式，在不同的社会的教育制度和教育特点的指导下，乃至在教师不同的教育修养和个性特点影响下，其性质也不大相同。如封建社会强调师道尊严，教师具有至高无上的权威，师生之间的关系是单方面服从，学生的精神是受压抑的。在资本主义社会，强调开放自由，主张个性解放，而竭力限制教师的权力；有的教师搞开放教室，学生上课可自由行动，不受管束。在这种关系下的学生，纪律涣散，教师存在着雇佣思想。社会主义社会的师生组织关系，强调教育民主，在学校集体中，师生是相互平等的成员，既重视发扬教师的主导作用，又重视发挥学生的主动性；既严格要求学生，又要尊重学生的人格及其个性的特殊性。教育心理学的一些实验证明，不同的师生关系模式，对教育过程及效果可以产生不同的影响。民主型的师生组织关系，彼此之间的友好性和参与集体的程度高，活动的组织程度高，效率也高；专制型的师生组织关系，由于强调以集体为中心的行动和有组织的行动为主，学生对教师容易产生不满情绪；放任型的师生组织关系，由于有组织的行动和以集体为中心的行动少，学生对教师的满意度也低。

教师民主是建立良好师生关系的重要条件。我们既反对师道尊严，也反对放任自流；既反对“教师中心主义”，又反对“儿童中心主义”。由于我国受传统文化中消极因素的影响较深，更要特别反对专制式的教育，要增强民主意识，平等待生。

(四)师生之间的心理关系

师生之间的心理交往和关系贯穿于教育全过程，渗透于一切师生关系之中。心理关系有认知方面的，也有情感方面的。认知关系是心理关系建立的基础，师生之间的正确感知和相互理解是心理关系建立的前提。情感关系是心理关系的重要内容。

1. 师生之间的认知关系一切心理关系都是建立在认知基础之上的。师生之间的认识和一般认识一样，也要经历一个从感性到理性、从现象到本质的过程。因此，教师在对学生的认识时，不要停留在表面浮层，要透过现象看本质。例如，有的学生好心办错事，如不做分析调查，容易做出错误的判断，从而影响师生关系。同样，从学生方面来看，由于年幼缺乏经验，也易凭一时的印象，对教师做出武断的结论。如对性格内向的教师错认为待人冷漠、难以接近，故敬而远之。有鉴于此，教师在认识一个学生时，要深入分析、了解问题实质，消除心理误会，加强彼此认识。

师生之间的感知和理想，和其他人与人之间的相互认识一样，还要受社会心理学规律的制约，这是最明显的表现就是情感因素的参与。比如，教师对自己赏识的学生的优点，感知强烈、评价偏高，而对自己厌恶的学生的错误缺点则不能容忍和谅解，容易小题大作、借题发挥。同样，从学生方面来看，对他喜欢崇拜的教师“爱屋及乌”，相反，对有成见的教师，哪怕他发出的是善意的信号，也会被学生认定是“黄鼠狼给鸡拜年”。因此，教师要注意“成见效应”，重视“首次印象”，加强思想接触，增进彼此了解。

师生之间的认识，又具有相互反馈的特点，这种特点的信息，既可以形成师生认识上的良性循环,也可以形成恶性循环。由于教师对学生的正确和客观的认识,换取了学生对教师的认识和理解,赢得了学生对教师的信赖和满意。学生这一认识反过来又强化了教师对学生的认识态度。相反,教师对学生的认识上带偏见和误解,必将引起学生对教师的错误认识。师生相互认识中的良性循环,可以促进良好师生关系的发展,而恶性循环则会导致师生关系破裂。

师生间积极肯定的认识,可以促进教育过程的进行,取得更好的教育效果。现代心理学指出,人的活动是受人的需要驱使的,需要是人的积极性的最根本的动力。学生都渴望自己有所归属,成为团体中的一员,他们的学习、生活和平时表现,也迫切希望能得到教师和组织的认可和赞扬。学生的合理化建议被采纳和称赞,或学生取得某一进步而受到鼓励和表扬时,学生便会意识到自己的成绩得到了重视和承认,喜悦之情油然而生。这对有归属感的学生来说。比得到物质奖励还会高兴得多。这时,学生便会主动亲近教师,从而有助于师生之间良好认知关系的建立。

2. 师生之间的关系作为心理关系的情感关系,是师生关系的一个极为重要的方面,它对教育的过程和教育的效果能产生重要的作用。现代心理学指出:情感对人的行为活动具有动力作用。这一功能运用到教育中,就能起到直接提高学生积极性的作用。教师对学生的喜爱以及暗含于教育中的期待,会使学生体会到都是对他的肯定,从而激发起极大的学习热情和积极性。教育心理学中的"皮格马利翁效应",就是对教师学生爱效应。教育实践证明:如果教师热爱学生,对他们抱有较高的期望,学生便会感受到教师的爱护和鼓励。

他们常常以积极的态度来尊敬教师，对待自己的行为，因而更加自信和自强，诱发出奋发向上和积极进取的激情。不久后，学生便会像教师所期望的那样有所进步。相反，如果都是嫌弃或厌恶学生，对他们的期待较低或不抱期望，学生便从教师的冷漠或歧视的表情，态度中感受到教师的“偏心”。因而也以消极的态度对抗教师，拒绝教师的教育，久而久之，这些学生便产生自卑心理、敌视态度和消极情绪。教师对学生的积极情感，同时具有调节教师自身行为的功能。

任何一个人总是为他热爱的对象所控制，教师对学生的热爱可以激发出教师的事业心和责任心；任何一个人也总是为他所喜欢的对象所吸引，教师对学生的热爱可以缩短其与学生之间的空间上和心理上的距离，从而取得更好的教育效果。教师对学生的情感还具有调节学生行为的功能，同样一句话，同一教师用不同的情感可在学生身上产生不同的效果；同样的一句批评语，由与学生建立了不同感情的教师来说，会产生截然不同的反应。同样，学生的积极热情对教师也具有重要意义。比如，学生对他所喜爱的教师，总会伴着某种信赖感，这种信赖感赋予教师的教导以一种魅力，从而增强教育的效果。

（五）师生之间的私人关系

师生之间在学校组织中所产生的关系是一种正式关系，但师生之间也会发生正式关系之外的非正式关系，即私人关系。它是一种非外加强制和约束的、发生在正式组织之外的、自然形成的关系。在这种关系中，师生的交往没有正式关系中的拘谨、刻板及模式化的倾向，它能缩短师生之间的心理距离，并实现正式关系中难于达到的师生间的深刻了解和情感沟通。如师生之间出于琴棋书画的共同爱好，出于感情、友谊和认识上的共同需要而可能建立起私人关系。这种关系一般在年龄较长的学生间形成。

师生之间私人关系的形成，有助于教育任务的完成，它对于影响学生和控制教育过程，有着师生间其他关系所不能起到的作用。学生可以从中了解到教师对他的更细微、更具体的要求，从而自觉自愿地改进学习，教师则可以从中得到学生对教学和教育工作比较客观和起初的信息反馈，从而主动加以调整和完善。师生间的私人关系，可以改变在正式关系中较多使用的面向集体的沟通方式，缩短信息沟通流程与层次，实现与个别学生之间面对面的交往和增强双向沟通的渠道。

但是，师生之间的私人关系要把握好方寸，要使私人关系有助于教育任务的完成而不是相反。师生间的私人关系如果交往过于亲昵，关系过于特殊，甚至超越界限，引起了其他师生的非议，这种私人关系应立即"降温"或停止。否则，不仅无助于教育任务的完成，反而会使教师无法工作下去。同时，教师与学生间的私人关系要注意自己的身份，要区分在不同场合下、不同关系中师生充当的不同角色或所应遵循的不同行为准则。不能因与学生关系的密切，而在正式关系中出现过于随便和放肆无拘的行为。另外，师生间的私人关系要有助于其他学生的正常交际关系，不能在正式关系中亲近一些学生、疏远另外一些学生，出现对学生的偏爱和不公正的待遇。学生一般对教师的偏心表示反感，偏袒某些学生必然会招致其他学生的怨恨。

第二节　师生之间的交往

一、师生交往的特性

交往是人类的一种基本需要。教学过程中的师生人际关系，是师生在教学交往过程中形成的一种以情感为特征的心理关系，它贯穿于教学活动的全过程。列宁说："没有人的情感，从来就没有人对世界的热爱和追求。"因此，我们有必要深入探讨教学过程中师生人际关系的特征、功能及其对教学活动的具体作用。

教学过程中师生人际关系的特性，具体地表现在教师对学生的交往特点和学生对教师的交往特点两个方面。教师对学生人际关系的特征，主要是由教育工作性质决定的。在师生人际交往中，教师对学生的交往具有三个特征：

（一）教育性

教师与学生的交往是完成教学任务的需要，教师对学生的情感当然地受到社会要求和需要原则的制约，但更受到教育职业的影响。教师同学生的交往与社会成员之间的交往不同，这种交往首先是教师角色的要求。教师的情感不是基于个人的好恶，不是基于学生形象和行为举止是否合乎心愿，而是基于教师对下一代的责任，基于教学任务完成对良好师生人际关系的要求。正因为如此，教师对学生的交往及其情感的形成，必须以教学任务完成和教学目标实现为出发点和归宿。

（二）普遍性

我国的教育目的是使所有受教育者身心都得到健康和谐的发展，成为合格的社会成员。因此，教师对全体教育对象都负有同样的责任和义务。教师的心中必须装着所有的学生，与所有的学生交往，爱所有的学生，信任、理解和关怀所有的学生。那种凭个人好恶，偏听、偏信、偏爱的行为，不是教师与学生交往中所应有的情感反应。

（三）稳定性

教师与学生的交往与社会成员的人际关系相比，不是偶然的、一时的需要，不是一时的激情，而是教育工作的神圣要求。教师对学生应有始终如一的热爱与关怀。

应当指出，教师与学生的人际交往，也要受到教师自身认识和学生反馈信息等因素的影响。由于上述因素，教师与学生的交往具有个体差异性，表现出丰富多样的特点。在个体交往层次上，教师对学生的交往及情感一般经历生疏——熟悉——亲近——热爱等几个阶段。热爱作为一种教育职业要求，应该成为教师与学生交往过程中的心理定势，并贯穿于师生交往过程的始终。

学生对教师的人际关系同样有明显的特征。这些特征主要是由学生的角色意识和年龄阶段决定的。学生与教师的交往及其对教师的情感具有两个特征：

1. 信任

这是由受教育者知识、经验和角色意识所决定的。对教师的信任，既是受教育者的自然倾向，也是教育教学工作顺利进行的必然要求。对教师的怀疑和不信任，既不符合受教育者的自然倾向，也是师生交往过程中的大忌。

2. 敬爱

如果说信任是受教育者理智的结果，那么，敬爱则是爱教育者情感的自然倾向。一般说来，信任是敬爱的基础，而敬爱则进一步深化了受教育者对教师的信任感。教师只有可敬，才能使学生感到可亲、可爱。

学生与教师的交往也受到自身的认识和教师方面反馈的制约。从学生对教师交往发展的本质来看，年龄较小的学生对教师的交往表现出强烈的被动性，在情感上则表现为对教师的依恋。随着年龄的增长和知识经验的丰富，学生对教师的交往从仅仅满足于交往本身，转变为满足求知欲和人格完善的需要。教师的知识、经验及人格是他们产生信任和敬爱教师倾向的主要标准。以个体来说，学生对教师的交往和情感发展，一般经历接受—亲近—信赖—敬爱等几个阶段。向师性是学生与教师交往中的一般具有的基本心理定势。

二、师生交往中的两种主要倾向

教育最基本的表现形式是师生之间的相互影响，教育的各个方面都或多或少涉及师生关系问题。因此，师生关系是教育研究的中心课题之一。研究国外关于师生关系的各种理论与模式，对于丰富和发展我国的师生关系理论，深化教育教学改革，具有重要的理论意义和现实意义。

当代师生关系理论中存在着两种倾向，即科学主义倾向与人道主义倾向。科学主义力图运用严密的科学研究方法来揭示师生影响的客观规律，使师生关系尽力客观化、科学化；人道主义力图确立师生关系中学生的主体地位，强调学生的需要、兴趣、价值和个性全面发展，强调师生之间和谐的人际关系，主张采用情感教育。这两种倾向曾经有过争论，各执己见、互相攻短。虽然近年来两种倾向的论争有所缓和，有渐趋融合的态势，但仍然属于师生关系理论中的两股潮流。教育学的科学化包含或主要体现在师生相互影响的科学化上。关系的科学化是随着心理学的科学化及其在教育上的应用而前进的，心理学的科学化则以行为主义心理学的产生与发展而加速。行为主义心理产生于20世纪初，行为主义心理学家认为，内省法是主观的，用于心理学是不可能的，只有外显行为是有案可查的和客观的。因此，心理学只研究人的行为；而行为是外界刺激的结果，可以通过行为推知刺激物，也可通过刺激物推知行为，这样，人成了环境的产物，是被动物。这一理论运用于教育，使教育研究逐渐客观化和科学化了。在师生关系上，教师扮演着刺激物的角色，学生则扮演着被刺激物的角色。通过刺激与反应的研究，可以探索出教师刺激学生，学生做出反应的一些规律，再把这些规律广泛运用于师生之间的相互影响。在这里，教师是主体，是权威；学生是客体，是被动者。但它也确实能使师生关系科学化和程序化。

人道主义倾向则可以追溯到文艺复兴时期。进入20世纪后，经过两次世界大战，特别是科学技术的突飞猛进的发展，促使人道主义倾向逐渐进入历史进程的前台。20 世纪 60 年代以来，人道主义发展，大有压倒科学主义之势。它反对流行的行为主义及“所谓”的科学主义，反对把人当成被动物或被刺激物，反对科学化把人变成无血无肉无情感的冷血动物，主张教育学、心理学要从人自身入手，以人为研究出发点，强调人的需要、价值及和谐的人际关系。在这种倾向中，美国的人本主义心理学做出了重大贡献。人道主义倾向在师生关系上，强调学生的主体地位，学生并非教师机械的影响物，他有自己的兴趣和个性，有自我发展和自我实现的能力，因此，应让学生有自立、自主和自强的自由。教师对于学生只是一个咨询者和辅导者，不是决定者，这种倾向在美国和西方一些国家非常盛行。在苏联，凯洛夫时代之后，教育学家曾强烈呼吁纠正“教学中无儿童”的现象。实际上是强调重视学生的地位和作用，教师要尊重学生、爱护学生、鼓励学生。坚持民主教育，给予学生更多的自由。这种教育思潮的发展到近年来产生了合作教育学。合作教育学以反对传统的教师决定论或中心论为起点，强调实行人道主义原则，强调尊师爱生的师生关系，学生是主体，反对强制性教学，提倡教师要努力使学生个性得以全面发展。合作教育学在苏联和其他一些社会主义国家引起了强烈反响。

从本质上说，科学主义与人道主义是不相对立的，是事物不可分割的两个方面，二者相得益彰、互相促进。但由于产生的背景和动因不同、观点的针对性不同，所以二者发生了分歧，乃至争执。到了 20 世纪 70 年代末和 80 年代，这两种倾向有融合的动向，科学主义日益重视师生之间的和谐关系，重视学生的地位和作用，特别是因材施教和个性全面发展问题。人道主义日益代用科学主义的方法和成果，以便努力使自己奠定在科学的基础上，并且看到人际关系、师生关相互影响有其客观的规律，必须遵循有关的科学法则。所以，以发展趋势来看，国外师生关系的理论越来越坚持科学主义与人道主义相结合，这一点值得我们思考和借鉴。

三、师生交往的三层次

单凭直观，谁也不会知道，师生关系是在教师与学生之间发生的联系：问题在于师生关系按其互相联系的性质与活动内容来说，不属于孤立的个人之间的联系；它作为一种社会关系，受到整个社会中带有根本性质的社会关系的制约，故或多或少带有一般社会关系的烙印；但它毕竟不同于一般的社会关系，而属于一定教育结构中的特殊的社会关系。除此以外，由于教育活动的周期较长，教育活动一般具有结构化的特点，客观上使得教师和学生之间有较多交往的机会，从而可能形成一种自然的人际关系。这是最易被忽视的，又易于被滥用的师生关系。所以，华东师大陈桂生老师认为：师生之间实际上存在三重关系，即社会关系、教与学的工作关系以及自然的人际关系。忽视其中任何一种关系，都是以一定教育结构为背景的师生关系，基本上是一种由教与学的活动联结起来的工作关系。

1. 在教育活动中，教师承担执“教”的社会角色，学生承担求“学”的社会角色。个人一旦成为这种或那种社会角色。便不能不受到一定角色的限制，暂时不再有选择的余地，除非他脱离教育过程。

因为这种不同社会角色之间的关系，不以个人的意志为转移，而是由个人与社会之间一定的契约关系决定的。教师在同学生的交往中，虽不免产生个人感情上的联系，但教师怎样对待学生，学生怎样对待教师：个人虽有选择的余地，而个人的选择是否得当，大抵取决于是否同个人承担的角色地位相宜。

2. 在具体的教育情境中，某个教师怎样对待学生，或某个学生怎样对待教师，在一定限度内有选择的自由，在一定时代、一定国情、一定国度范围内，师生关系普遍形态又不免受到一定社会形态带有根本性质社会关系的制约，而任何一种带有根本性质的社会关系，又是在一定物质技术基础上、一定文化传统影响下形成的。不同社会形态赖以存在与发展的物质技术基础、文化传统不同、基本的社会关系不同、教育目的有别，因而师生关系的普遍形态、教师与学生角色地位的内涵也就不尽相同。封建制度下的师生关系，一般带有教师独断、学生盲从的特征，它同家长制的家庭内部关系一样，带有半人身依附的性质；以近代发达的商品经济与资本主义社会关系为背景的师生关系，趋向于使学生摆脱对教师的半人身依附关系，尊重学生的独立人格，谋求建立民主、平等的师生关系，只是这种师生关系或多或少带有商品交换关系的气息，师生之间的感情色彩趋于淡化，加上教育系统本身种种条件的限制，师生关系中仍不免具有某种必要的或非必要的强制性。

我国以公有制为主体的社会经济关系与人民民主的政治关系，客观上要求师生关系具有民主、平等的性质，方兴未艾的社会主义市场经济的发展，更同残存的封建关系不相容；不过由于中国长期处在封建、半封建统治之下,小生产的狭隘与散漫性及带有某种封建色彩的社会关系在社会生活中仍存在着不可忽视的影响,新兴的市场经济既有促进个人自主、瓦解旧的封建关系的积极意义,也可能使人际关系沾染铜臭。加之我国社会主义民主制度尚不完善,尤其是教育活动赖以展开的种种条件尚未充分具备,故现有师生关系并不尽人意。

3. 师生关系虽不能不受到一定社会关系的制约与教育活动的限制,但由于教育活动不同于其他精神生产活动,而带有结构性的特点。教师与学生的关系同医生与病员、编辑与读者、演员与观众、律师与诉讼当事人等社会关系相比,是一种服务主体与服务对象之间较为稳定的关系,客观上提供了教师与学生较为充分的交往的机会,从这种交往中能够形成某种个人之间感情上的联系;这种交往就基础教育来说,属于成年人与未成年人之间的交往,教育劳动凝结在受教育者的思想与行为的变化之中,而建立合理的师生关系又为教师职责所系。所以,即使在以往那种不合理或不尽合理的社会形态下,在有限的范围内,亦存在尊师爱生、教学相长的师生关系。它又以教师职业道德的形态世代相传。综上所述,师生关系具有三重性质,从这三重性质中历史地形成了师生关系的三原则:

①作为教育工作关系的师生关系的原则:教学相长;

②作为一定历史时期社会关系缩影的师生关系原则:民主、平等;

③作为一般人际自然关系的师生关系原则:尊师重教。

第三节 师生之间的关系行为

一、师生教学关系的四种类型

人际关系是通过交往来展开和实现的。由于知识、经验，尤其是角色的不同，师生双方在教学过程、人际交往中各自的地位是不同的。正如教师在整个教学过程中的主导地位一样，教师在师生人际关系中也居于主导地位。教师的人格与教学态度决定了教学过程中，师生人际关系的性质和基本倾向。师生人际关系的调适首先要注意这一特点。安徽师范大学吴玲和郭孝文老师认为，教学过程中的师生人际关系大体存在四种类型：

（一）紧张型的师生关系

这种师生人际关系表现为教师以自我为中心，对学生主要依靠强制手段，方法简单粗暴，动辄训斥；学生对教师心怀不满，行为多抗拒或不合作；师生情绪对立，关系紧张，教学气氛沉闷压抑，学生厌学。

（二）冷漠型的师生关系

这种师生人际关系表现为教师无视建立良好师生关系的重要性，教学缺乏热情，只管教，不管学，对学生不冷不热，不闻不问，对学生的缺点错误也是漠然处之；学生对教师则不亲、不热、不恨，“敬”而远之，教学气氛平淡无奇教学效果平常。

（三）庸俗型的师生关系

这种人际关系表现为都是过分迁就，该严不严、该管不管，甚至拉拉扯扯、吃吃喝喝，着意迎合学生（如故意漏题、评卷多给高分）；学生对教师则曲意奉迎、刻意讨好，从而使纯洁的师生关系变为庸俗的物质、利害关系。这种关系短期内似乎亲密和谐，但时间一长，则教师威信扫地，令不行、禁不止，教学如一团散沙。

（四）和谐型的师生关系

这种师生关系表现为教师对学生既热情尊重、信任、敬重和爱戴；教学气氛生动活泼，师生关系民主和谐。

二、师生相互作用关系模式

相互作用模式主要是依据团体动力学的研究成果而建立的。团体动力学认为“团体”是人们发生关系而形成的一种组织，分正式的与非正式的两种。团体动力学主要研究非正式团体，重视非正式团体中成员之间面对面的交互作用。最早系统地运用团体动力学研究师生关系的是美国的H·H·安德森。他认为师生的交互作用分两类：控制型和统合型，前者以命令、威胁、责罚为特征；后者以鼓励、协助为特征。前者培养适应性、纪律性，后者培养民主意识、合作能力。继安德森之后许多专家和研究者具体研究了师生之间相互影响的方式，提出了以下各种模式：

（一）小团体的沟通模式

李威特把师生的相互作用称为“沟通”，经过研究，他提出四种沟通模式：

1. 圆圈式；

2. 链状式；

3. 丫字式；

4. 轮状式。

李威特认为，第一种模式的优点是沟通活跃，虽没有明显的领导人物，缺乏有力组织，但成员间平等沟通，民主性强。第二、三种沟通模式时常可见，其缺点是形式单调，不活跃，效率不高。第四种模式有一个中心领导人物，沟通限于成员与领导人物之间，缺乏成员间的沟通，虽然稳定，但不民主，效率也不高。李威特强调，在师生相互沟通的实践中。应该提倡使用第一种模式。

（二）师生相互作用过程

贝尔斯把师生之间的相互作用分为两个领域，即社会情绪领域与任务领域。两个领域又各分为二，表现为不同的四种相互作用：A. 积极的社会情绪反映领域，表现在和谐、友好、消除紧张、表示赞同等方面；B. 情绪中立的任务领域（应答部分），表现在提供建议、意见、提出方向等方面；C. 情绪中立的任务领域（询问部分），表现给予建议等方面；D. 消极的社会情绪反映领域，表现在不同意、关系紧张，甚至敌对等方面。这四种相互作用中的不同表现方面又构成六个不同的环节：

1. 指出方向是评价环节；

2. 提供意见与要求，提供意识是评价环节；

3. 提供建议与要求是控制环节；

4. 同意与不同意是决定环节；

5. 关系紧张与解除是处理环节；

6. 和谐与敌意是统调环节。

贝尔斯模式的特点是强调师生关系的和谐、融洽、互相积极配合,并且涉及了认知和情感因素的影响,强调影响过程中的及时反馈调节。因此,这一模式体现和反映的是友好合作的师生关系。

(三)弗兰德斯师生交互作用模式

该模式分析了师生相互作用中的语言,给予模式化,并把师生的语言交流分为十类,其中七类是教师的语言,两类是学生的语言,一类是安静的或不易分类的语言,根据所观察记录的师生交流语言,推断师生相互作用的性质。弗兰德斯把师生影响的过程分为:

提出问题;

1. 了解问题的主要因素;

2. 分析各因素之间的关系;

3. 开始工作,如搜集资料,应用公式,设法解答等;

4. 评价或测量进步情况;

5. 应用新知识于新情境中。

在六个阶段上,教师与学生的语言交流重现不同的内容和特点。就教师语言来说,分直接影响语言与间接影响语言两种,前者包括讲解,如讲述事实、解释原因;指令,如提出任务或要求;批评或维护权威等。后者包括接受,如接受学生的建议或要求;赞赏,如表扬学生的行为;采用,如采用学生的教学设计或设想。学生的语言包括两种:一种是反应性语言,主要由教师的刺激所引起,或是回答教师的问题,或者是复述教过的知识;一种是自发性语言,由学生主动说出,例如演算数学题时伴随的语言、追随教师讲述的语言等;此外,还有一类无实质性内容的不易分类的语言,例如沉默语、混杂语等等。在语言交流分类的模式中，弗兰德斯发现，直接的语言影响，容易增加学生的依赖性，学业进步慢。

因此，他提出三条规律：一是在相互作用的较前阶段，如果限制学生参与的自由，会增加学生的依赖性，降低学业成绩；

二是在相互作用的较后阶段，如果限制学生参与的自由，不会增加学生的依赖性，提高学业成绩。

三是在相互作用的较前阶段，如果扩大学生参与的自由，将减少学生的依赖性，而且提高学业成绩。弗兰德斯师生相互作用模式根据语言交流的性质揭示了师生相互作用的性质及其同人格（是否依赖）和学业成绩的关系，发现了在不同阶段给予学生自由的不同结果。这就启示人们，在师生关系上，不能笼统地说扩大学生的自由而应视相互作用的阶段而定。

三、师生社会体系关系模式

社会体系模式的基本理论依据是：班级是一个小社会，处在大社会体系之中，因此，师生之间的影响，除涉及师生自身的因素外，还涉及其他社会因素，应把师生关系放在大的社会文化背景中考虑。从这一基本观点出发，研究者们创立了一些富有启发意义的模式：

（一）盖茨尔与塞伦的班级师生社会体系模式

这一模式的基本理论内涵是：在社会体系中，社会行为通常受到两种因素的影响，一是制度方面的因素；二是个人方面的因素。前者包括社会对个人的角色期待等，后者包括个人的人格特质与需要等。基于这一认识，盖茨尔与塞伦提出了一般社会体系模式。这种社会体系模式强调了社会群体因素对社会行为的影响。个人表现的社会行为,除受自己身心的因素影响外,还受社会制度、文化思潮、社会角色、习俗以及社会期望与价值观的影响。依据这一模式分析班级师生社会关系,其模式的特点是:

1. 强调每一个体基于生理因素,有独特的人格需要和个人认同制度上的目标;

2. 强调制度上的要求应具有合理性,这样才容易被个人接受,也才有实现的可能性;

3. 教师与学生在共同的社会体系气氛中,为了共同的目标而发生相互作用,结成班级社会体系;

4. 师生的相互影响或作用体现了个人与社会的一种和谐统一;

5. 师生之间相互影响除顾及个人的心理需要等因素外,还应该顾及社会文化、习俗等因素。

(二)阿什勒等人的班级师生相互作用模式

阿什勒等人认为,任何社会体系师生关系模式都具有四种功能:

1. 模式的维持,即维持模式本身的价值,使其有存在的必要;

2. 模式的调整,即模式的各部分协调一致,构成整体;

3. 目标的达成,即模式具有达成既定目标的功能;

4. 适应性,即模式可以适应新的情况或条件,具有灵活性。

从这四个方面人手,阿什勒等归纳出三种不同的师生关系模式:第一种是教师中心模式;其基本特点是强制的、监护式的,所达成的目标是基本的社会目标;第二种是教材中心模式,其基本特点是实用的和学术性的,所达成的目标是实用的生活准备目标;第三种是学生中心模式,其基本特点是咨询的、传教式的,所达成的目标是发展个性。

阿什勒等认为，在英国小学、欧洲学术性中学和欧美现代新式学校中正分别实行着上述三种模式。相互作用模式和社会体系模式，其划分并没有实质性的差别，例如，社会体系模式中师生也是相互作用的，而相互作用模式也是承认社会影响的；只是看问题的角度不同：

1. 相互作用模式属于心理学，研究方法为实验法，而社会体系模式属于社会范畴，研究方法为理论分析；

2. 相互作用模式为微观研究，而社会体系模式则属于宏观研究；

3. 就研究对象而言，相互作用模式侧重于师生的的外在影响行为，而社会体系模式侧重于行为构成的因素。从师生关系研究发展的趋势来看，上述两种模式的区别越来越小，在研究方法、性质和角度等方面呈现相互借鉴、补充的态势，也即两种类型的师生关系模式渐趋综合。

四、师生的民主关系行为

师生关系的民主、平等，是现代师生关系的主要标志。中国古代教师的社会地位虽然不高，但对于学生倒一向讲求“师道尊严”。人们往往在家中供奉“天、地、君、亲、师”牌位，似乎把“师”与“天、地、君、亲”并列，其实把“师”作为值得学生尊敬的最低等级，但它毕竟比“农、工、商”的地位高。它也意味着学生对教师的半隶属的关系，所谓“一日为师，终身为父”，强令儿童像隶属于父母那样隶属于教师。西方有“吾爱吾师，吾尤爱真理”的古训，韩愈亦有“道之所存，师之所存”之说，都以重道为尊师的条件，而事实上对学生来说，尊师是无条件的。韩愈有感于“师道之不传也久矣”，才愤而文《师说》之论。其实，就学生历来的处境而论，那个时代师道尊严已经泛滥成灾了，实属古代狭窄的社会关系使然。古人尊师重道有他们的理由，依现代人的眼光看来，师固然不可不尊，但像古人那样尊法，学生实在吃不消。在现代，公民之间尚且在法律上处于平等的地位，师生之间民主、平等可谓理所当然。所谓民主、平等的师生关系，从字面上看来是师生双方相互平等对待，不过由于教师与学生在教育过程中所处的地位迥然有别。除了少数纨绔子弟、顽劣儿童或许执弟子之礼不恭，甚至间或侮辱教师之外，一般不存在学生歧视教师问题，问题主要在于教师是否平等地对待学生。

教师是否平等地对待学生，不只是教师与某些学生之间的个人关系问题，它牵涉到把学生训练成顺民，还是国家与社会未来的主人问题。不管学校中的民主教育、法制教育如何进行，师生之间长年累月相处的关系本身就是一种“隐性课程”。它或者是一种看不见的民主生活训练，或者是一种捉摸不定的顺民训练。

进一步说，师生关系是否民主是否平等，不单取决于教师个人的抉择，实际上不同的教育所致。传统的“以教师为中心”的教育结构注定了一种师生关系的格局，而在“儿童中心主义”的教育结构中，师生关系又呈现出另一种风貌。所以，从根本上说，师生关系的改善，民主、平等的师生关系的建立，取决于教师结构的改革。尽管现今民主制度尚有待完善，在公民中至少法律上平等的权利基本上得到保障；相比之下，在制度化教育中，尤其是基础教育中，由于教师对未成年人拥有过多的正式或非正式的权力，以至学校很可能是社会上保留半人身依附关系最多的工作部门。整个说来，民主、平等的师生关系，尚属应然状态，而未达到实体状态。

“爱生”是传统的教师职业道德规范之一，“尊师”则是学生守则中必不可少的规范。在传统教育中，“尊师”不以“爱生”为前提，即不管教师是否爱生，也不管教师是否值得尊重，学生总得尊师。因为“尊师”是为了“重道”，反之，“爱生”常以“尊师”为条件，不爱不尊师的学生，那是一种不民主、不平等的师生关系；不过即使在民主、平等的师生关系中，也不可能自发地产生“尊师”、“爱生”的感情。不管教师职业道德规范、学生规范如何，事实上教师的权威与爱，总是基于师生正式或非正式的交往中而自然产生（或不产生）的。

教师权威的来源，一是一定教育结构赋予教师的权力；二是教师基于个人的素养与表现在学生中获得的威信。前者是外在的权威，是每个教师都可能有的权威；后者是内在权威，不是每个教师都能得到的权威；前者是社会赋予的，后者是学生认同的。外在权威不以内在权威为支柱，对学生就缺乏足够的影响力量；内在权威若游离于外在权威之外，往往不能产生真正的教育效应。教师的爱也有两个来源，或源于对于社会的使命感；或从与学生的交往中自然地产生或兼而有之。这两种来源不同的对学生的爱，同样不见得每个教师都会有的感情。在不同的教育历史形态中，教师的权威与爱产生的条件不同。古代那种个别教学的教育情境中，“师严而道尊”、“严师出高徒”、“教不严，师之惰”，足以表明教师权威的重要。然而由于教育活动是在教师与各个学生个人之间进行的，教师感情虽然淡薄，倒是比较专一。自然,那时的教师不免受到狭窄的观念局限,即使爱学生,所爱对学生本人也未必是幸事,何况那种爱又很容易转化为恨。

在集体教学的情境中,教师通常以学生集体为教育对象,如果同各个学生之间联系的纽带松弛了,而每个学生又接受许多教师的教诲,师生关系失去专一性,师生情感就会趋于淡化。不仅如此,集体教学制度产生了管理职能,驾驭学生集体比驾驭个别学生又需要诉诸教师的权威,惟现代教师权威以不损害学生独立人格为限度,毕竟是师生关系的进步。不管在什么社会形态下,不管教育结构如何,教师内在的权威与内在的爱是在同学生交往中形成的。如今,“一日为师,终身为父”的格局已一去不复返了,多数师生关系将随着教育阶段的结束而消亡,以后只有那些自然产生的师生感情才绵延不绝。

五、师生在教学过程中的人际关系

教学过程中的师生人际关系,是指师生在教学交往活动中形成的比较稳定的心理关系。它产生于师生教学交往活动并贯穿于整个教学活动的始终。教学过程中的师生人际关系包含两层意思:一是反映师生教与学不同任务的角色关系;二是反映师生间相互态度的情感关系。这两个方面既相互联系、相互依存,又相互区别。师生之间的角色关系是其情感关系的基础,而情感关系则是角色关系的深化。在教学交往过程中,师生角色关系与师生情感关系实际上是相互重叠、相互渗透的,二者共同构成了教学过程中师生人际关系的整体。有人认为师生关系是师生为满足交往需要而形成的,这是搬用社会互动理论的结果，而放弃了对具体事物矛盾特殊性的分析，这不符合教学过程中师生人际关系的实际。

关于教学过程中的师生人际关系，人们早就注意并有所认识了。荀子说："学之经莫速乎好其人"《学记》中明确指出："安其学而亲其师，乐其友而信其道"；存在主义教育家布贝尔则强调："具有教育效果的不是教育的意图，而是师生间的相互接触。"

在教学论研究领域中，著名的美国教育社会心理学家弗德斯提出了"师生相互作用分析范畴"，以研究教学过程中教师与学生的相互行为；莫里诺提出了"社交测量术"，以研究教学过程中教师交往行为对教学成效的影响；西尔曼提出了"教师态度分类"，以研究教师态度在师生人际关系中的影响；罗杰斯则第一次明确提出了"教学人际关系理论"。

与此同时，苏联及东欧国家也注意了这方面的研究。苏联教育家赞可夫把良好的师生人际关系看成实现"教学与发展"的重要基本；保加利亚心理学家洛扎诺夫认为，应当重视教学氛围在教学中的作用，并提出了著名的"暗示教学法"；苏联教育家苏霍姆林斯基指出："为了使师生之间的友好、亲切和善意的关系经常和谐，教师必须十分珍惜儿童对自己的信任，应该成为儿童所爱戴的、聪明的保护人。"20 世纪 80 年代以来，苏联教育学家阿莫拉什维利和沙塔洛夫从社会主义的人道主义出发，又提出了以教学过程中师生平等合作为核心的"合作教育法思想"。可见，主张师生平等、实行教学合作、建立新型的师生人际关系，不仅是有效进行教学的要求，也是当代教育民主化的重要内容。改善教学过程中的师生人际关系已经成为当代教育教学改革的重要趋势之一。

六、师生关系中的教师角色

（一）教师是知识的传播者

教师与学生的关系是以“传道、授业、解惑”为中介的。因此，教师乃是知识、原理、技术的传授者，培养解决问题能力的辅导者。

（二）教师又充当着父母的形象

在学校，学生往往把对父母的依附性转移到教师身上，他们希望教师像父母那样对他们做出反应，教师扮演父母温暖、热情、期望和关怀的角色。

（三）教师是建立良好课堂秩序的管理者

管理者的角色要求教师帮助学生形成自觉的纪律。

（四）教师是心理治疗专家

研究学校情境、教学与教的基本的心理规律，是教师必须探讨的一门教育心理科学。教师要善于洞察学生的心理是，擅长治疗学生的心理疾病。

（五）教师必须是学生的榜样、朋友和知已

（六）教师还必须是处理教育情境中人际关系的艺术家

教师在自己的实际工作中，不可避免地要处理同事、师生及学生中正式团体与非正式团体之间的人际关系，以实现师生之间、学生之间正常的、有效的沟通与交往。

（七）教师有时还需要担任“替罪羊”的角色

国外教育发现，许多青少年由于家庭、社会或原来的班级中长期受惩罚、被排斥，往往把一切有权的人（父母、教师）看成是威胁的人物，他们把这些人看成是自己受打击和痛苦的来源，易把对成人的仇视转移到新班级的教师身上。这时就要求教师要具有心理应变能力，要有极大的忍耐力，不能意气用事或采用粗暴的方法来回敬。要注意掌握分寸、分析原因，动之以情、晓之以理、导之以行，不断地教育感化，摆脱对立，以建立良好的师生关系。

七、师生关系中角色的认知及作用

教育心理学家米特创立的角色理论认为：根据他人所表现出来的各种行为（语言、表情或姿态等）来认识对方的地位，称为角色的认知。由于明确了自己的地位（自我意识作用）来认识对方的地位，称为角色的认知。由于明确了自己地位（自萌意识作用）也就会认识对方的地位（产生期待）。教师和学生的关系就是在与对方的相互关系中来明确双方的地位的（角色的认知）。尊师爱生是师生关系中双方应遵守的基本准则，它在协调师生共同为完成教育教学任务的活动中起很大作用。

青少年学生正处在长身体阶段，他们的思想认识、知识水平还没有定型，可塑性极大。如何促进青少年身心健康发展呢？很重要的一条是尊重学生的人格，培养他们的自尊感，让他们认识到自身角色的意义，做一个合格的学生，进而学会做人。自尊感是一种强大的推动力。著名教育学家陶行知先生说：“你的教鞭下有瓦特，你的冷眼里有牛顿，你的讥笑中有爱迪生。”苏霍姆林斯基提出了一个著名的口号：“让每一个学生都抬起头来走路！”他们的话说的是一个意思，就是应该让每一个学生都树立起自尊感，树立起做人的信心。一位学生幼时患脊椎灰质炎，左手畸形，思想苦闷，对前途丧失信心。班主任及时开导他，鼓舞他，从各方面关心他，使他终于克服自卑感，增强信心，学习成绩优异。我们做教师的就是要培养学生的自尊感，强化学生对自身角色的认识，让他们扬起生活的风帆，立志成材。反之，讽刺挖苦，粗暴的批评，大声的呵斥，甚至体罚，会挫伤他们的自尊心与进取心，并造成师生之间的对立情绪。因此，教师在严格要求学生的同时，要尊重学生，做他们的良师益友。给他们以鼓励和具体的指导，激发学生乐观的情绪，进取的精神，让他们在愉快、宽松的环境中学习，这样才有益于他们的身心健康。

第四节　师生交往关系的教学功能

一、教师行为对学生的影响力

教师是科学知识的传播者、学生智力的开发者和思想品德的培养者。教师的一言一行时时都对学生产生一定的影响力。所谓影响力是指一个人与他人交往过程中，影响和改变他人心理和行为的能力。为了教师在教育教学中发挥有力的作用，并取得最佳的工作效果，就必须研究教师影响力是怎样构成的及教师如何提高自己的影响力。

管理心理学研究指出，领导权力性影响力的构成要素中，不论是传统因素，还是职位或资历因素，都是外界“赠予”的。其核心要素是所谓的权力，特点是他对别人的影响带有强迫性。在这种影响力的作用下，被影响者的心理和行为主要表现为被动、服从，因而权力性影响力对人的心理和行为的激励是有限的。对教师来说，这种影响力，决定教师在学生中具有一定的权威影响，从而产生学生对教师的服从感、敬畏感和敬重感。但教师仅靠权力去影响、教育学生是不能收到预期效果的，何况一般教师社会未赋予他多大的权力，为此教师要提高自己的影响力，必须从非权力性影响力方面入手。

非权力性影响力，是教师影响力的主要因素，是由教师自身素质和行为决定的，是经过教师的努力能不断提高的，它对学生产生的影响是自然的、深刻的，比权力性影响力更富有力量，是权力性影响力所不能及的。这种影响力，是建立在让学生信服的基础上的，它可以使学生产生敬爱感、敬佩感、信赖感、亲切感。所以客观存在的非权力性影响力，对学生心理和行为激励是很大的，学生会产生发自内心的积极接受教师影响的心理。因此教师对学生影响的有效性就是取决于教师本人的品格、知识、才能和情感等因素。

在权力性影响力与非权力性影响力中，对教师影响力起决定性作用的是非权力性影响力。非权力性影响力的因素中品格因素是教师影响力的基础；才能因素是教师影响力大小的主要因素；知识因素是教师影响力的储库；情感因素是教师对学生影响力的纽带，它们之间是紧密联系、缺一不可的。教师对学生的影响力越大，教育效能就越强，工作效率就越佳。在实际的教育教学中，教师只有具备这些诸多方面因素，才能取得良好的绩效。回顾我们的工作，之所以有时成效不显著，一般情况下。都是因为缺乏其中某一因素所致。然而每人都存在着个性差异，这几种诸多因素都同时具备得很好，只是少数，大多数人还是不同程度有缺欠的。应从实际出发，因人而异，积极弥补，加强自身修养，努力提高教师对学生的影响力。

二、良好师生关系的功能

（一）高效率性

高效率是指教师与学生在和谐愉悦的情境中，教与学都能收到良好的效果。良好的师生关系，使学生尊敬、依赖并且喜爱教师，这对教师是一种鼓励和鞭策。教师为了继续保持自己在学生心目中的形象和地位，对教育、教学就会更加负责，千方百计的想把学生教好。每节课精益求精，并针对学生特点组织和增补内容，择其最适宜的手段和方法，合理安排时间，尽量使教学最优化、最有效。例如，特级教师袁榕，三十年的语文教学中，有些课文，她能倒背如流，十分熟悉，教了好几遍，也取得了很好的成果。但是她在备课时，把这些内容永远作为第一课。所以优秀教师都是用认真的备课和课堂中优雅、亲切的教态，生动优美的语言，准确精练的讲评来博得学生的好感和尊重的，而且不断地从学生的笑脸和进步中得到激励和安慰，使教育、教学超水平发挥，提高了教的效果。由于学生把教师看做最依赖和仰慕的人，他们喜欢上这种精彩的课，把它当成一种享受。同时，他们懂得尊重教师就是要尊重他们的劳改所以他们总会积极配合，专心听讲，勤于思考，努力学习，这又提高了学的效果。所以，如果教师能够和学生建立一种友好合作的关系，而且共同担负任务和解决问题，那么，学生的行为就倾向于维护这种关系，这样相互间的交往就会促进学习。

（二）高激励性

高激励是指良好师生关系能激发学生的学习积极性和动机。人的需要是产生动机的源泉，每一个都具有诸如对爱、感情、受人尊重、自尊及好奇心等心理方面的追求，通常就称为需要。首先，良好的师生关系能激发学生的学习动机。因为它满足了学生对爱、关心和尊重的需要，他们不仅从教师那里得到知识的营养，而且获得了爱护与支持，尽管学习是一种艰辛的、必须付出大量体力和脑力的劳动，尽管学习有时是枯燥无味的、紧张的，学生也会全力以赴地去学习。其次，良好师生关系还影响着学生动机的选择性。学生都喜欢上自己喜爱或崇拜的教师的课，而不喜欢上不尊重自己的教师的课。学生喜欢某位教师，他们往往爱屋及乌地喜欢他别的东西，如语言、仪表行为或所教的课程等等。一些研究表明，许多学生在大学学的专业大多是中学阶段很喜欢的教师所教的学科。再则，良好师生关系可激发学生的附属动机，即是一个人为了保持长者（如家长、教师等等）的赞许或认可，而表现出来的把工作做好的一种需要。这是因为良好师生关系中，学生与教师的感情上具有依附性，也就是教师是学生所追随和效法的人物。而当学生认为他所效法和追随的教师能给予他赞许和关心，是莫大的宠爱和鼓舞。因此，他会有意识地使自己的行为、学习符合教师的标准和期望，借以获得并保持教师的赞许和关心。“皮格马利翁效应”就是如此。所以，良好师生关系有助于提高学生的学习动机，学生为博取教师的关怀和赞赏，因而努力于该科的学习。

（三）创造性

创造是人的全部体力和智力都处于高度紧张状态下的一种活动，它意味着运用一个人的全部能力和潜力。因害怕而感到拘束和压抑的学生，不可能正常地进行思维，在他的头脑中只有思维过程的片断。害怕使他们说不出话来，于是教师就觉得学生笨嘴拙舌。创造需要有宽松的环境和对人的充分地尊重。良好师生关系的教育特点是在于平等、民主，活跃的和朝气蓬勃的，它不是靠压制、奴役学生的个性而实施教育。在这种清新浓郁的民主气氛中，学生的思维更加敏捷、记忆更加清晰牢固、想象更加丰富广阔。学生就会发挥最大的潜力来完成学习。同时，师生关系良好的班级里，学生间的关系一般也较好这就更利于对学生创造性活动的培养。人际关系好、心情舒畅、心理有安全感，有助于发挥科技工作的积极性与创造性，提高创造力效应。其次，教师在促进和培养学生高质量学习的同时，也在不断更新和创造。实施一堂生动活泼、严而不死和民主愉快的课；根据不同情况和特点，深入钻研教材，把静止、干瘪的内容变成生动、丰富的；把繁杂的变为易懂的，把艰涩难解的变为言简意赅的……这些都是创造。凡是热爱学生的，对教育事业负责的教师，都会把教育、教学当成一门艺术，不断探索和创新。

（四）教化性

教化性是指教师的行为和思想对学生道德品质和观念的作用。苏霍姆林斯基说："我们每一位教师都不是教育思想的抽象的体现者，而是活生生的个性……我们对学生来说，应当成为精神生活极其丰富的榜样，只有在这样的条件下，我们才有道德上的权利来教育学生。"所以，学生视教师为楷模，他们一言一行潜移默化地影响着学生的品质。正如孔子说的，其身正，不令而行。其次，师生间平等、友好的交往有利于教师对学生道德知识、道德情感和道德行为的教育与培养。因为相互信任和尊重，视教师为知己，这就利于教师对学生心灵深处的了解和洞察，及时矫正学生不良动机和行为。

三、课堂师生人际关系行为的特点

（一）教育性

教育性表现在两个方面。首先，人际交流的内容、性质及其心理倾向具有德育的成分；其次，良好的课堂人际关系是有效的激励手段。师生关系好。课堂上有良好的心理气氛，师生都会情绪高涨、注意力集中，教学效果也就好。

（二）纯洁性

师生之间、学生之间都没有什么利益冲突。教师爱学生，其"天职"所决定；学生爱教师，是学生追求知识，向往未来的必然结果。

（三）多重角色

教育与被教育、领导与被领导、成熟与未成熟、传播与接受等等。

另外，课堂人际关系的调整很大程度上取决于教师个性特征、知识水平、教学能力以及对学生的态度等，而不像一般，的人际关系，是由交际双方“平分秋色”的。

课堂人际关系对教学效果起着重要调节和保障作用。

事实证明，在师生人际关系紧张，甚至对立的情况下，是不可能有好的教学和教育效果的，有时连正常的教学秩序也难以维持。而良好的课堂人际关系，能调动和感染师生双方的积极性。学生信赖教师，那么对教师所传递的知识信息，会尽量吸收；而教师信任学生，其教学思路也会更为敏锐使教学信息渠道畅通无阻，并且，在良好的心理氛围中，学生尊敬、信赖教师，就比较容易接受教师对自己的严格要求和批评意见，从而避免由于人际关系而影响学生学习情绪和教师教学态度的事件发生。

四、师生人际关系的教学功能

教学过程中师生人际关系的特点是其功能发挥的基础。师生人际关系对教学活动具有三种基本功能：

1. 行为定向功能　积极的人际关系具有调节师生行为的功能。一方面，通过师生交往形成的教育爱，必然使教师趋向于学生，缩短他们与学生之间在空间和心理的距离，帮助他们更好地认识、理解和关怀学生；另一方面，积极的人际关系，尤其是教师的情感，也对学生的行为具有调节功能，它直接影响着学生学习行为的倾向及其效果。同一教学内容由不同教师来施予或同一教师的不同态度的教学行为，都可能有截然不同的效果。

2. 道德示范功能　在教学过程中，良好的师生人际关系不仅是教学的前提和手段，也是教学所要达到的重要目的之一。学生认识人生与社会，首先是从与自己直接关联的人和事开始的。学生往往透过师生人际关系这个窗口，透视人世间的炎凉冷暖，从而形成自身的行为准则，学会处事做人。从一定意义上说，教育者的人格和道德示范较之于德育教学更具有重要的影响，身教胜于言教。反之，学生的道德行为及其倾向，对教师也具一定影响，这在高等学校尤为突出。

3. 心理保健功能　教学是一种艰苦复杂的劳动，需要教师和学生全身心投入。因此，教学过程中的人际关系状况，不仅影响着教学活动的有效性，而且影响着师生的心理健康。亲密和谐的师生人际关系，使师生双方自尊自信，教和学成为一种乐事；反之，紧张冷漠的师生人际关系，则使师生双方心情压抑，视教学为畏途。有关调查证明，不良的师生关系对学生影响很大，是导致在校青少年心理疾患的重要原因。

五、师生人际感及其对教学的意义

师生之间的关系是教学领域最为能动的，也是最为敏感的一对重要关系。但是，传统教学对师生关系的认识既片面，又肤浅，他们过于理性地看待人，忽视人的情感。其突出表现在把学生当做被动的容器，把教师看做知识体系的代表，师生之间是知识输出和输入的认识关系,从而使学生的学习过程变成为一种枯燥无味的活动。与此同时,过分强调教师的主导作用,使教学过程缺乏应有的充分的民主、自由、平等和信任的温馨气氛,致使学生在强制的状况下身心感到压抑,被动刻板地进行学习。现代教学理论则强调,教学过程不仅是认识活动过程,更是情感交流过程。基于这种情感交流活动而形成的师生人际关系,是一个重要的教学变量,它直接影响教学效果。美国情感教学理论创始人罗杰斯甚至断定:促进学生有意义学习主要“依赖于教师和学生彼此关系之中的某些态度”,而不是教学的认识方面如教学技术、讲授水平和参考资料。罗杰斯强调指出,这种人际关系的态度应该是“真实”、“接受”和“理解”的。所谓真实也称“真诚”或“表里一致”,意指师生之间坦诚相待,彼此都尽情表露瞬间的感情和态度;所谓接受也称“信任”或“奖赏”,意指师生之间无条件地喜欢或珍视对方表露出来的真情实意;所谓理解是一种为他人设身处地的理解,是从他人的角色来理解他人。其实接受和理解三者是教学活动中人际关系的构成要素,它们彼此联系、相互促进,组成一个有机的整体,在促进学生学习中发挥重要作用。由此罗杰斯把教学活动看成是形成真实、接受和理解的心理气氛的过程,看成是人际关系彼此作用的过程,学生在这种过程中能“自由表达”、“自由参与”,并且意识到自己的力量和存在。而认识的发展和智能的开发,也正是在这种过程中潜移默化地进行的。罗杰斯对教学本质和功能的见解虽然有失偏颇,但却为我们更深刻、更全面地揭示教学过程的实质提供了新的研究思路。苏联合作教育学的倡导者们也极为强调师生之间的关系,他们甚至认为改善师生关系是解决教育、教学困境的突破口。为此他们把消除学生与教师、学生与学生、学生与学校以及教师与学校、教师与家长等之间的种种人和人的对立紧张关系作为一项重要任务，谋求和谐的师生关系，谋求“一种以社会主义人道主义精神对待儿童的教育学”。这种人道主义要求教师要热爱、尊重和信任儿童，把他们当做生活和教育中的同志来对待，并使儿童彼此相爱，互相尊重，建立一个团结友爱的温暖的集体。这是造就学生良好个性并促使学生积极主动学习的最佳环境。此外，保加利亚洛扎洛夫的暗示教学理论以及我国冷冉同志首创的“情·知”教学理论等，也都极为强调教学中良好的人际关系的建立。

建立新型的亲密合作的师生关系具有重大意义。

（一）它有助于增进师生间教与学的积极的相互作用，尤其有助于充分发挥学生主体的作用师生关系融洽，彼此间就会产生一种依恋性的亲切感，从而使师生双方增进交往，配合默契。学生在学习中碰到困难，敢于质疑问题，发表意见，请教教师；教师在教学中也能够更好地了解学生、帮助学生，使得师生亲密无间，教学相长。与此同时，师生关系民主，可以促使学生摆脱对教师的依赖而走向思考，摆脱消极被动地接受现成结论而走向积极主动地探索未知，从而不断树立和养成自信心、责任感以及自觉努力和独立思考等良好品质和习惯。

（二）它有助于把教学和教育融为一个统一的过程，这是教师进行教书育人的前提学生只有亲其师才能信其道，只有信其道才愿受其教。师生关系融洽亲密，学生对教师的教导，在感情上才具有相容性；而在不融洽不亲密的师生关系中，学生容易形成对教师的“逆反心理”，与教师的教导背道而驰。其实，良好的师生关系不仅是教学活动的必要条件，而且其本身就具有道德意义。良好的师生关系和教师高尚的品行，是影响学生思想品德乃至人生观、世界观的最好的教科书。

（三）它有助于激发和促进学生的学习热情和学习动机。美国心理学家索里和维尔福特认为，人类社会性动机中有交往性动机和威信性动机，其中交往性动机是一种最基本的社会性动机，这种动机在教学中表现为：学生愿意为他们所喜欢的教师而努力学习，而拒绝为他们不喜欢的教师学习；学生因获得教师的赞扬而学习，因师友的责备、奚落挫伤了自尊心和自信心而影响学习；学生因与教师的友好合作而增进自身学习的责任感，因与教师的僵化关系而逃避学习。我国有关调查也表明：在教学过程中，师生关系是影响学生学习的重要因素，学生对教师的态度、他的学科兴趣和学习成绩三者之间存在着相互一致的状态，构成“正反馈”的趋向。

（4）它有助于形成良好的教学情绪和教学气氛，促进学生身心健康。良好的师生关系是良好情绪气氛赖以形成的基础和手段，而良好的情绪和气氛所激发的是学生积极、热情和自信的心理状态与轻松、愉悦、舒畅和欢快的心境。在这种精神状态下，学生心理压力小，能保持敏锐的智力，并与他人建立和保持和谐关系。相反，在紧张沉闷的气氛里，学生会感到烦躁、压抑、恐怖、焦虑、精神不振，甚至困乏迟钝等不适心理，患上不良的心理疾病，从而影响学生的身心健康。

第五节　建立良好师生关系及其重要性

一、良好师生关系的重要性

（一）建立良好的师生关系

实施素质教育的需要，新课标的颁布、实验教科书的试运行，向我们昭示着素质教育已日渐深入。同时，社会的迅猛发展拓宽了学生获取知识的渠道，教师和学生在教学活动中的角色也随之发生了巨大的变化。传统的教学中，教师是课堂的主导完全操纵着课堂，学生是被动的接受教师知识传授的对象。课堂上，老师站在讲台上严肃认真地讲解，学生规规矩矩地坐在座位专心听讲。老师讲的知识点，学生掌握了，就达到教学目的了。这样的教学活动日复一日、年复一年，老师对学生最为关注的是他的学习成绩，学生对老师则敬而远之，甚至关系紧张，很难向老师敞开心扉、畅所欲言。我们知道，素质教育的核心就是创新教育，而这种师生关系严重地阻碍了学生个性的发展和创新意识的培养。因此，今天的教师再也不能用传统的"教"教育的方法来面对信息来源广、智力发展快的儿童了。教师不再仅仅是知识的传授者，而应是一个能影响他人、指导学生领悟学习过程的引导者；不再只是教科书的执行者，而应是创造性地运用教材与学生一起交流的合作者；不再只是知道教书的匠人，而是拥有正确的教育理念并付诸实践的研究者。即,不只是教会学生学什么、做什么,而应教会学生怎么学、怎么做,教会学生发展他自己的精神世界,使之成为一个完整的人。这样,建立一种新型的——平等、民主、和谐、互动的师生关系就成为我们的必需,成为我们努力的方向。学生也只有在这种平和、融洽的氛围中,视老师为伙伴、为知心朋友,才能充分发表自己的心声,展示自己的个性,教师也才能准确地把握每个学生的心理需求,有针对性地点拨、指导,促使其不断健康发展。

(二)更新旧的师生关系是每个教师必修的课题

新型师生关系的形成,很大程度上取决于教师。教师精深的学问、友好的态度、高尚的人格、浓厚的教学兴趣、适当的情绪表现以及合理的言行,皆将成为学生所观察、所注意、所模仿的对象。对于学生来说,教师的人格、教师的素养是任何力量都不能替代的最灿烂的阳光。因此,一个优秀的教师必须主动地调节自己与学生之间的关系,使得教学既民主、轻松,又生动、严谨。

1. 树立新理念,确立新角色。任何改革首先是思想观念的转变,实施素质教育,教师必须具有全新的理念、良好的素质和改革的精神。我们必须不断地"加油"、"充电",提高自身理论知识和教学艺术,使新的教育思想渗入我们的教学中。许多学校实验了"研究性学习"、"小主人教育"、"主体性学习"等多种重在培养学生素质的、新的教学形式。在这些新的教学形式中,学生不再被动地接受知识,而是饶有兴致地按照自己的需要进行他们的观赏、调查、讲述、写作……乐此不疲,教师的角色也相应地由凌驾于受教育之上的"灌输者"、"管束者"转变为主体发展的良师益友、合作伙伴。有一位教师组织学生进行“我的老师”的研究性学习，学生可以采用自己喜欢的任何方式来表达他对老师的看法。于是，教室后面的墙壁上出现了“我看老师，我爱老师”的作品展览：有摄影爱好者为老师拍摄的彩照，有小诗人写的“师魂”、“老师颂”，有关注学校发展的调查报告，有《我们的语文老师》、《铁血丹心》等多篇习作……学习过程中，师生共同参与、相互影响，不但提高了学习的欣赏水平、实践能力与合作精神，而且密切了师生关系，为工作的进一步开展打下了良好的基础。

2. 营造宽松和谐的教学氛围、良好的师生关系是教学成功的关键因素之一，因此，教学中，教师要积极参与学生的学习过程，创设宽松、和谐的学习气氛，为学生提供生动活泼、主动发展的空间，以培养他们的主体意识、自学能力和创新精神。首先，教师要尊重学生的人格。我们所面对的每一个孩子都是独一无二的，无论他字写得好坏，无论他活泼开朗还是沉默寡言，哪怕他考试不及格，他们也都将走向未来，都将居于新世纪发展的核心地位。我们要树立正确的学生观，要让每一个学生在人格上得到最大的尊重。我曾见一次语文课上，一位学生回答问题时出现一点偏差，老师立刻打断学生的话想予以纠正，但又意识到自己犯了一个错误，于是诚恳地对那个学生说：“我打断了你的话，对不起！请你继续说下去！”由此，清楚地看到学生在这位老师心中的地位——学生是和自己一样的人！我们要与学生交心，不妨蹲下身来或坐在孩子们当中与他们谈话，而不要让孩子们仰视你；不妨耐心听完孩子们那不够流畅甚至答非所问的话，而不去打断他；不妨像这位老师一样，能在大庭广众之下当面向学生赔礼道歉……这样,学生会加倍地向老师学习,学会尊重他人,形成健全人格,并且使师生的心融为一体,产生共鸣。其次,教师要保护学生的好奇心。好奇是孩子的天性,是孩子发现问题、思考问题的开端,它反映了孩子对知识的一种渴求,是教师利用的资源,要充分保护它、利用它。这样,既满足了学生的好奇心,又锻炼了他们利用多种途径搜集相关信息的能力。另外,教师要发展学生的自信心。有实力才有自信。班上几十个孩子各有各的优点,也各有各的不足,学生实力不足的地方,正是需要教师特别关注的地方。对待学生的不足甚至是错误,教师要相信自己的教育,相信自己的学生,以尊重、理解、信任和鼓励的强大精神力量去感化学生、诱导学生,给学生自我修正的时间、自我进步的主动性。实践中,经常有意识地让腼腆的孩子领读课文、代表小组发言,让性格急躁的孩子跟细心的孩子一起办板报、描花边儿,让不爱读课外书的孩子"帮老师"查资料……渐渐地,孩子们在愉快的活动中受到了锻炼、增强了自信心,变"要我说"为"我要说",变"我能行?"为"我能行!"

3. 发挥教师的评价功能没有一个人是全能的,也没有一个人是无能的。教师绝不能仅凭本身并不一定十分科学的知识检测来评价学生,或仅凭一时一事给学生的现在和将来妄下断言,必须注重发现学生不同的个性特长,看到每一个孩子的闪光点,尽可能地创造条件,让学生各展其能、各显其才,并且不要吝啬赞美之词,让学生享受到成功的快乐,调动他们的积极性。在一节观摩课上,我听到授课教师运用许多这样的句子:"你们真聪明!""你读得真好! 我都要感动得流泪了。""要是你写了文章,也可以拿去发表了。"……这些评价,既是对学生成绩的一种肯定，又有助于鼓励学生进一步发展。巧妙地运用我们教师欣赏性、模糊性、鼓励性、幽默性的评价吧，那将使我们收到事半功倍的效果。总之，现在的教学中，教与学是沟通中的相互作用关系，老师与学生的关系是交互主体性的伙伴关系。建立新型的师生关系，将有助于师生之间的情感和理念的交流、知识资源与见解的共享，有助于丰富教学内容，求得新的发现，实现教学。

三、建立良好师生关系

良好的师生关系是建立在师生个性全面交往基础上的情感关系，它是一种真正的人与人的心灵沟通，是师生相互关爱的结果，是师生创造性得到充分发挥的催化剂。师生之间缺乏积极的情感联系，不仅会使一直为人们珍视的师生情谊黯然失色，也会使教育活动失去宝贵的动力源泉。优化师生情感关系，重建温馨感人的师生情谊，是师生关系改革的现实要求。那么，如何建立新型良好的师生情感关系呢？

（一）和颜悦色，温情话语暖人心

如今，许多教师抱怨："现在的孩子太难教了，打不得，骂不得，讲也不听，我们真不知道该怎么教了。"当初我也曾有此困惑，可经过长期观察、探索、实践，加上对"课改"精神的学习领悟，我觉得："讲不听"的原因主要是教师"讲"的方式不当，引起学生的反感，他们当然不会听你的了。所以建议教师与学生谈话时，注意以下几点：

1. 尊重学生，任何情况下不说侮辱学生人格的话。有些教师在学生犯错误特别是比较严重的错误时，一怒之下往往口不择言，还伴有侮辱性的举动，导致一些学生（特别是高年级学生）产生逆反心理，甚至反唇相讥，作出过激反应。因此，教师在与学生谈话时，一定要“冷静，冷静，再冷静”、“理智，理智，再理智”。只有以沉着镇定的态度、言语文明的形象出现在学生面前，才会使学生相信你是在真诚地教育他、帮助他解决问题。尊重学生，还体现在：不要布置机械重复的大量作业，否则学生会产生反感，不利于培养学生的学习兴趣。尊重学生，重在真诚的尊重每一位学生。

2. 就事论事，不翻旧账。一些教师的记忆力特别好，能把学生所做过的错事记得一清二楚，并在学生犯错误时一口气全部兜出，来个“新账旧账一起算”。但结果往往是自己越算越生气，学生则觉得没面子，非但不服气，还会来个“破罐子破摔”，因此，教师在处理问题时，一定要注意就事论事，对事不对人，避免不必要的误会。

3. 和颜悦色，语调亲切自然。平时与所有学生说话时都应注意做到这一点。曾听不少学生抱怨：“老师对那些学习成绩好的同学说话时态度特别好，特别亲热，对我们这些学习成绩不太好的同学总板着脸，没好声气，好像他们做都是对的而我们都是错的，烦死了！”学生没说瞎话，俗话说：手指有长有短，何况人呢。即使进行了“课改”，就算每一位学生的个性、特长都得到了发展和张扬，但学生个体所能取得的成就差异仍是无法避免的，对我们教育工作者而言，无论将来他们能取得什么样的成绩，都是一个与你完全平等、有着独立人格尊严的人，不是奴隶，不是“出气筒”和“受气包”。作为教育者，我们无权对他吆三喝四，只有真情付出，关怀呵护他，公平公正地对待他，悉心引导他寻找智慧，让学生深切地体会到：老师喜欢我，老师尊重我！

4. 措辞委婉，“硬”话“软”说。“我觉得你处理这件事的方法不太好。再想想看，还有没有更好的解决办法呢？”、“你太不像话了，知道错了吗？再敢这样我告诉你家长。”“请过来一下好吗？老师有事想跟你说”。如果你是学生，你更愿意接受哪些说法？有句名言是这样说的：“有时，温柔比皮鞭更有力量。”很多情况下，换种说法效果会更好。

5. 勇于道歉，承担责任。人无完人，世界上没有任何人在任何情况下所做的事都是正确的，教师也不例外。但有些老师明知自己错了，却总以怕影响自己在学生心目中的形象为由而拒绝道歉，还千方百计加以掩饰。事实上这只能使学生更加反感，即使嘴上不说，心里也会不服气。因为从实质上看，你已经成了他们的“反面活教材”，你正在教他们如何去掩饰错误、逃避责任。反之，一句真诚的“对不起”“谢谢你的提醒”和敢于负责的举动，不仅能拉近师生间的距离，同时也有利于培养出更具责任感的下一代。

（二）更新“教师观”和“学生观”

重新调整角色定位树立新型教师观和学生观，重新调整角色定位，是建立新型良好师生情感关系的前提和基础。没有这个前提和基础，所建立的师生情感关系必定会是无源之水、无本之木。根据新课程的要求，教师所充当的角色不仅是“知识的传授者”，而且是学生学习能力的培养者，是学生人生的引路人，是学生学习的合作者、组织者。学生也不再是“知识的接受者”，而是一个个生动活泼的人，发展的人，有尊严的人。教师的职责是“促进”，“培养”和“引路”，引导学生全面健康地发展。在人格上,教师与学生是完全平等的,应互相尊重。但受传统“师道尊严”的影响,许多教育者还放不下这个架子。比如“请、谢谢、对不起”是我们教学生使用的最常用的文明礼貌用语,我们作为老师的也该经常用,可不少教师却认为“对学生哪用那么客气?”其实是教师还没有摆正自己的位置,没把学生当成与自己平等的人。

(三)无微不至,于无声处见真情

这里所说的“无微不至”,绝不是保姆式的包办代替,而是教师对学生发自内心的关心和爱护。它是天气突变时注意增减衣物的温柔叮咛;是雨天里默默递上的一把伞;是给他们细心包扎刮破摔伤处时一脸疼惜的表情;是在他们遇到困难时一个满含鼓励和期待的眼神;是课堂上经过他们身边时仿佛不经意地弯腰轻轻为他们捡起笔和纸……只要真情付出,自有心灵交汇。良好的师生关系的建立和培养并不是一朝一夕能成就的事,它需要师生双方,特别是教师的真情付出。没有爱就没有教育,让我们用爱心和真情来培养新型良好的师生关系吧!

第六章 课 堂

第一节 如何有效备课

一、当前教师备课现状。

不久前，杨再隋教授撰文指出：语文课出现了“虚”“闹”“杂”“碎”“偏”的问题。如果这些问题带有普遍性的话，我认为问题首先出在备课上。是备课的指导思想出了偏差，导致对文本的把握和实施教学出现偏差。

教育家苏霍姆林斯基在著作中谈过这样一件事：一位历史教师讲公开课，极其成功。课后，有人问他：“您这堂课讲得这样好，请问您备课用了多长时间?”他回答道：“可以说这堂课我准备了一辈子，但是要问直接备课时间，那我告诉您，只有十几分钟。”

凡是预则立，不预则废。教师上课，教案的准备非常重要，我们常称这一过程为备课。

目前许多学校和教师群体都出现这样的问题：教案有固定的格式、工整的书写，但缺乏反思与修改。这些“整齐”的备课往往不具备实用性，备课本上写的东西多是为了应付学校教导处等管理机构的检查，按部就班，陈旧老套，缺乏教师的思考。教师“书写”的时间大于“思考”的时间——将大多数备课的时间用于书写、用于文字的堆砌，缺乏思考与原创，实用价值不大，形成了“备课”“上课”两张皮的问题。很显然，这样的教案是“死”的，这样的备课是无效的。在课程改革的今天，我们的备课也亟待注入新的活力。

现在，教师们普遍感到压力很大：家长的期待值高，社会对教师的要求高，许多学校也明文规定教师们“一课一备”，备课量也比较大。平时在学校，上课、改作业、解决学生纠纷、与家长沟通……已经占去了教师大量的时间和精力，而备课往往都挪到了下班之后。如果花费了时间，备出的课实效性不强，这不能不说是对教师资源的一种极大浪费。因此，我们需要高效的、实用的、有利于教师自身专业发展的有效预设，这就是我们期待的“高效备课”。

二、什么样的备课最实用

(一)备课中存在的问题

从备课方式中存在的问题及分析上，我们看了一些老师对备课的看法，每个人的意见都不尽相同。如借鉴名家教案，有的赞成，有的反对；有的赞成集体备课，有的却认为个人深入钻研教材才是优秀教师的成长之道。无论如何，我们首先应面对现实。现实中我们往往会遇到怎样的困惑呢?

1. 备课是为了“好看”

许多学校检查教师备课时,往往提倡教师书写工整,备课详细,甚至用备课的字数、每课时备课笔记的页数来衡量教师备课的质量。这样的检查方式显然是一个错误的导向。备课是为了明确教师们上课的思路,是对课堂的预设。备课是为了教师们上课,不是为了“好看”!

2. 教师们有多少时间备课

调查表明,在上班时间,教师们往往要上课、批改作业、解决学生出现的种种问题、与家长们沟通,能够在上班时间挤出时间备课的教师不多,而下班后,教师们身心俱疲,大多数教师没有精力再将大量的时间用于备课,一些教师往往对备课应付了事,甚至抄袭别人的备课教案,或者干脆从网上下载打印后应付学校的检查。

3. 我们的备课有用吗

有一些教师备课非常认真,但由于实际情况的变化,精心准备的教案却不能直接用于教学,上课前还得“二次备课”,精心写出的教案成了“摆设”,形成了“备课”“上课”两张皮和问题。

4. “集体备课”的误区

有些教师非常依赖于集体备课,甚至认为集体备课应形成打印稿供大家共用。有些学校形成了“教师一人备两个单元,大家合起来共用”的格局,并把这种现象冠之以“集体备课”的称谓。这样的备课方式是不利于教师的专业发展的,把“备课”这样一个重要的环节简单化了。

5. 对备课的重要性认识不够

一些教师非常重视课后对学生的辅导，即所谓的“补差”。却没有深究学生为什么会出现这么多知识或能力的缺失。精心的备课能够提高教学效益，使“辅差”的工作量减少。从教师的备课调查表的摘录中，我们可以发现，教师们对备课的看法是不同的，存在着一些矛盾。

（二）如何有效备课

1. 明晰教学目标

许多教师往往会忽视教学目标的确立，许多教师会不假思索地将教学目标抄下来，没有思考目标是否符合自身的实际情况。其实，确立教学目标是备课过程中最重要的环节，确立教学目标直接影响着教学环节的有效性。只有为教学目标的达成服务的教学环节才是有效环节，所有教学内容的确立都必须紧紧围绕教学目标，因此，教学目标的有效确立是有效备课的开端。

明确课标的要求，对于学科教师是非常重要的。尤其是在新课程改革的背景下，课标已经不同于传统的教学大纲。在教学过程中，学生的知识、技能、情感态度等方面的“三维目标”应达到怎样的“度”，需要教师准确地了解，否则在课堂的预设过程中就会出现偏差，形成无效备课或低效备课。

在我们下发的关于备课的调查表中，有着40多年教龄的优秀教师孙剑蓉的阐述让人记忆深刻：

要解决“备课”“上课”两张皮的问题，备课的方式并不重要，重要的是教师对教材的钻研、思考，采用合适的教学方式及手段以达到好的效果。作为语文教师，首先应该整体把握小学阶段语文教学的总目标和低中高段的各段目标，备课才能有的放失。

把握了总目标和各年级段的目标，教学低段时的备课可“高瞻远瞩”，中段的备课应“瞻前顾后”，而高段备课在冲向总目标的同时能“居高临下”，这样，备课就能做到注意年龄段之间的有机衔接，避免“各自为阵”的盲目性。如果把总目标和各年段目标（以及个单元目标）看作几个不同的“面”，那每篇的备课就成为无数的“点”，备课时的“点面结合”，就能达到实用、高效。而备课究竟用小组集体备课的方式，还是用打印、手写等方式，我认为都必须是钻研教材作为前提的，不能只是看教案的“工整”、详略。

孙老师提出在语文教学中的“高瞻远瞩”“瞻前顾后”“居高临下”“点面结合”，对于数学学科和其他学科的备课，也同样适用。

2. 把握学生学情并不是一张白纸。在现代社会中，孩子们接受着来自不同渠道的信息，已经具备了一定的积淀，教师必须考虑到学生的实际水平来备课，提高课堂教学的效率。

3. 有效利用教材。教材是众多学者、专家心血的结晶，是经过精挑细选、反复洗练的，教师必须充分地给予重视，充分利用教材、挖掘教材，进行教学设计。深钻教材、有效利用教材是有效备课的重要环节。备课，教师无疑应首先要钻研教材，在钻研中挖掘和丰富文本的内蕴和教学元素，正如窦桂梅老师提出的：语文教师首先要学会把课文读厚。语文，是加法的艺术。但上课呢，需要做加法还是做减法？如何协调好教材因素和学生因素的关系？这都要在备课中作细致深入的思考。

提到钻研教材，我记得于永正老师说过："钻研教材是备课的最重要一环。这法儿那法儿，钻研不好教材就没法儿。"简简单单的一句话却道出了语文备课的根本。

第二节 高效课堂教学模式实施中可能出现的问题

一、备课中的问题

有的学校的备课是由个别教师以"教学案"的形式来完成，因而存在一定的问题。首先，由个别教师轮流编写的"教学案"不一定能够保证质量。因为教师的水平有差异，缺少教学经验的教师有时竭尽全力拿出来的"教学案"也许目标、重点定位不当，内容深浅把握不准，问题设计缺少逻辑性、层次感……有的教师教学水平高，经验也丰富，但是由于责任心、事业心不强，会草草完成交差。有的教师水平高，责任心也强，但是由于"忙"，也有可能应付了事。一旦用这样的"教学案"实施教学，师生会集体"受害"。当然也有"集体备课"，通过汇聚集体智慧来提高"教学案"的质量，弥补可能存在的不足。但是，全组备课的教师只有1~2个，其他人都没有备课。在"集体备课"时，没有备课的老师对教材不熟悉，对目标、重点、内容、方法都没有内化、思考，他们能够提得出意见吗？也许有经验的老教师凭老经验可以说几句，但也不过是空话、套话、"普通话"，说了等于没说。多数教师因为他们没有备课，所有没有发言权，只能闷声不响，全盘接受。因为没备课的教师基础是"0"，所以别人备的课哪怕水平再低，再低效，他们也只能说一个字："好"。也许有人说，教师为了上课，肯定会自觉钻研的。恐怕不一定。因为人都是有惰性的，在不备课已经"合法化"的前提下，会有多少人自觉备课？教师自己没有备课，没有思考，连一道习题都没有做，就拿着别人编写的"教学案"上课，怎么能履行自己的教学责任，发挥教师的主导作用呢？教师恐怕只能实行"大放羊""大撒把"的教学，于是干脆把自己降格为"学习者"，把教师应该完成的教学任务统统盲目随意地交给学生，并美其名曰"在教中学"。学生是受教育者，他们对教学任务不明确，教学内容不熟悉，教学过程欠思考，教学方法未掌握，怎么能取代老师发挥引导路程、把握方向、激发兴趣、正确评判的作用呢？再说，再好的"教学案"也要适合自己班级的学情，也要根据任课老师个性化的理解，才能科学有效地实施到教学中去，如果只要有了一个好的"教学案"就等于教学是高质量的话，那么教学工作就是天底下最容易的工作，全国的教师只要共同打造出一个好的"教学案"，甚至汇编出一个"教学案"集，优质课就批量产生了，天下有这样的美事吗？

其实，高质量的"一次备课"是"二次备课"、"集体备课"编写"教学案"的前提和基础，没有有效的"一次备课"，后面的所有环节都是假的、空的、低效甚至无效的。

二、作业中的问题

（一）批改目的不明

假如有人问：教师为什么要批改作业？可能有这样几种带有一

定的片面性的回答：A. 批改是教师的职责；B. 批改是上面的要求；C. 批改可以防止学生作业不认真；其实“批改”的本质是“学情调查”。批改与学情调查的区别表现在如下几个方面。A 是站在教师本身的角度回答的，因而显得抽象性和表面化。B 是站在领导要求角度回答的，言下更有着一些被逼和无奈。其回答共同性都是撇开了批改与学生之间的关系，不明白教师批改与学生成长的关系，教师在批改面前的态度是被动、消极、机械的，仅仅把它理解为一种职责、任务，因而会使批改缺少目标和动力，成为一个机械性的劳动任务。C 虽然表面上是站在批改对学生的作用角度回答的，但是带有严重的片面性和表面性。其片面性表现在弱化了批改的作用，把批改的作用认定为端正学生的学习态度，以作业的完成的数量掩盖了作业本身的质量、数量、完成时间等因素对学生作业的影响，更无视学生通过作业所得到的提高。

（二）重学轻练

学的时间过长，而用于训练的作业主要在课内，量很少，时间很短，导致重学轻练。重学轻练能否保证较高的教学质量？值得怀疑。学生“学”果然比较扎实，但是，从哲学上看“一个正确的认识，需要经过由实践到认识，再由认识到实践的多次反复才能完成”。兖州一中只有一个“反复”，即“认识到实践”，学生的“正确认识”能够完成吗？即使上课时完成了，也只是表面的、暂时的完成，因为“没有量的积累，就没有质的飞跃”，“例不十，法不立”。

（三）要求宽松

一是不要求人人完成，二是不要求全部完成。“看起来很美”：满足了学生多层次的需求，不让学习困难的学生背负过重的压力，着重于训练的有效性。但是，其弊端也是十分明显的。

1. 削弱了学生与学习上的困难作斗争的信心和勇气，见到困难就放弃，碰上“敌人”就“投降”，养成不完成任务的坏习惯。

2. “对学”、“群学”形同虚设。正因为中下等学生学习有困难，差生才热望优生解疑，优生才有机会施以援手。如果允许有差别地完成学习任务，那么差生不练，优生不帮就变成理所应当。

3. 因为部分学生、部分题目没有做，展示时，没有解题体验的学生必然没有参与的热情，参与了也昏天黑地，浪费时间。

（四）追求结果，放弃过程

把批改简单地理解为让学生知道答题的结果。有时索性采用发放答案的做法，使学生产生依赖思想，不愿意深入钻研，也不会另辟蹊径，多角度解题，创造性、求知欲受到压制。用预设的结果，压缩了学生奋力登攀的时间和空间，为有惰性的学生“抄答案”提供了条件。

三、批改中的问题

（一）缺少思考

批改一般没有记录，缺少思考，作业反馈时一是凭自己批改时的粗浅印象传递一下答题情况，表扬几个印象比较深刻的学生，批评几个不太认真的学生，随后就进入“讲评”阶段。由于批改时没有分清重点题、一般题，讲评时只好从头到尾，一题不拉地组织点评，使讲评重点不突出。又由于没有记录犯有典型错误的学生名单，提问时往往盲目随意，有时会导致被提问的学生答案全部正确，或犯的是个别性错误而产生讲评低效现象。更由于批改时没有深入思考，想当然地评析，使评析达不到揭示原因、规律、方法的深度。

（二）机械呆板

一个教学行为是否重要和必要，必须站在对学生的成长和发展是否有利的角度去判断。站不对角度，批改往往变成僵死的、无活力的教学行为。例如不管作业量多少，批改难度如何，批改时间是否足够……强调“有发必收”、“有收必批”。结果一是以大量的、机械性的批改时间，挤占了教师的备课、选题、编练习、个别辅导的时间，导致有的教师以“集体备课”、“二次备课”为名，拿着别人的编写的教案仓促上阵，上课时只能“灌输”结论，并穿插一些空话、废话、普通话。有的教师编写练习时忽视“先做”和挑选，“捡到篮里就是菜”，让学生做了缺少典型性、数量多而收效低的“作业”，隐形浪费了学生的作业时间和教师的批改时间，上课的点评时间。而且教师一天到晚，为这样的低效劳动而忙忙碌碌，甚至疲于奔命。

（三）目标偏移

批改的目的一是从总体上了解学生每道题的正确率，以寻找讲评的重点；二是寻找学生的错误类型，以便探究其错误的原因和避免错误的办法。但是，在某些教师的操作中，批改的重点不是放在题目上，而是放在评点学生的学习态度上，目的是检查学生是否“尽力完成”。就学生的得益角度看，这样的批改只有思想教育的意义，没有学识与能力提高的意义，也就是说在“三维目标”中只落实了“情意目标”，其余两个目标都落空了，因此是低效甚至是无效的，批改实际上已经失去了意义和价值。

四、展示中的问题

(一)展示的内容缺少选择性

“教学案”中的内容一般可以分为三部分，一部分是多数不理解的，一部分是少数不理解的，一部分是个别不理解的。展示应该是面向全班的，只有把多数同学都有教训值得吸取，有规律方法值得总结的题目拿出来展示，才能达到效益的最大化。假如老师对学生的自学情况一无所知或知之甚少，自己无法选择，只好“由课代表临时指定各小组展示导学案的不同内容”，导致每道题都必须展示，一道也不敢不展示。这样就出现了低效现象：只有个别学生错误的题，(甚至全班无误的题)也要展示，结果多数同学“陪绑”，浪费了时间。

(二)展示代表的选择没有针对性

参加展示的学生理应是代表了某题的某种错误类型的一个或几个学生，这种展示才对具有同类错误的学生具有教学作用。但是由于同样的原因，教师“两眼漆黑”，只好课上各小组组长指定代表进行课堂展示。组长盲目指定的结果，就有可能会出现该生展示的内容100%的正确，做错的学生不能从中吸取教训；也有可能全班只有一个或几个学生做错该题，让参与展示的多数学生浪费时间。也有的展示是只请差生，这样做，没有学习困难的“优生”受害最深，长此以往会出现“肥的拖瘦，瘦的拖死”。再说，展示代表固定请差生，有可能导致其他学生不认真完成“教学案”。

（三）展示的重点内容不突出

展示时应该采用“要题入手展示法”，将最重要的题最先展示处理，以确保展示的充分性。有的教师展示不分主次，按照顺序展示，平均分配展示时间，有可能导致次要题化时太多，而重要题没有足够的展示时间。

（四）展示的方式单一性

展示的方式是多种多样的。如多媒体屏幕展示、学习小组内容交换习题展示、学习小组以讨论方式口头展示，师生之间以问答方式展示等。应该说各有所长，可以灵活地在课堂上使用。但是有的学校却把黑板展示作为唯一的展示方式，导致了低效。比如，有多媒体设备的学校，只要把典型习题在投影仪上一放，不就清楚地展示了吗？有的题，只要学习小组内部相互一交换练习，就可以达到黑板展示的效果了，既快又效果不赖，何必不惜牺牲学生的休息时间，利用课间作展示准备呢？特别是内容较多，一次不能展示完毕，需要在课堂上第二次展示的时候，这样的展示会浪费多少时间？

第三节 打造魅力课堂

提升教学魅力是每一位教师毕生的追求，仪表是教学魅力的序曲，教学语言是教学魅力的开门钥匙，教学魅力的核心在于渊博的学识，而娴熟的教学技能则是教学魅力的实质表现。

教育是一门科学，也是一门艺术。教学魅力，是一种悦人心目、牵人情思的吸引力，是一种扣人心弦、激人追求的感染力。对学生来说，是强大而持久的人际吸引力、精神感召力、智慧开发力和学习内驱力。提升教学魅力是每一位教师毕生的追求。工作多年来，我潜心钻研，在提升教学魅力方面有了自己的体会与收获。

一、教师的仪表

教学魅力的序曲——仪表一方面仪表是自身修养的要求，另一方面仪表是社会进步的要求。老师要言传身教，除了传授知识，待人接物外，仪表也很重要。我们讲形象的首轮效应，其中的一个重要的因素就是仪表。老师如果具备语言美、信息美，还有一个身体美、仪表美，那第一印象就好。我在教学过程中很注重仪表。首先干净整洁，无异味。其次是文雅，有艺术品味，让人觉得赏心悦目。教师穿着和谐得体，自然而朴实。讲究漂亮而不奢华，时尚而不前卫。因此，我的学生总是很欣赏我，愿意亲近我。加之我性情随和，性格开朗，能歌善舞，学生们总是容易接受我。

二、教师的语言

教学魅力的开门钥是——教学语言教学语言是一门艺术，它需要教师做到“学术功底 + 语言艺术”。二者必须有机整合，缺一不可。教学语言是教师最基本的教学技能。苏霍姆林斯基曾说：“教师的教学语言修养在极大的程度上决定着学生在课堂上的智力劳动效率”。

可见，教学语言是影响教学效果的重要因素。

（一）精炼准确教学语言

精炼准确应体现在切中要害，言简意赅，合乎逻辑。内容上要符合以旧带新、从表及里、由浅入深、层层深入，循序渐进、有因有果，从具体到抽象、由特殊到一般的认识规律，要点突出，条理清晰，层次分明，结构严谨。如为了特殊目的，穿插一些小故事，时间也不宜太长，达到效果即可，避免教学语言偏离授课主线。

（二）生动幽默

列宁说：幽默是一种优美的，健康的品质。生动幽默是取得良好课堂效果的法宝之一，具体体现在语言丰富、表达灵活、激发热情、活跃课堂、促使学生在笑声中领悟教师语言所蕴含的丰富知识。因此我在教学过程中喜欢使用，但不脱离教学内容和实际需要，收放自如。学生很是喜欢。我的课堂幽默不是一味地取笑逗乐，那只会给学生以粗俗轻薄、油嘴滑舌之感，会对学生的学习和成长产生极其负面的影想。

三、教师的学识

教学魅力的核心——知识渊博俗话说“要给学生一碗水，老师必须有一桶水。”这话虽老，但道理却亘古不变。教师的教学魅力首先体现在渊博的知识、灵动的智慧上。知识是水，魅力是舟，魅力需要知识的承载方能显出迷人的风采，正如著名教育学家叶圣陶先生所说的：“惟有教师善于读书，深有所得，才能教好书。只教学生读书，而自己少读书或不读书，是不容易收到成效的，因此，在读书方面，也得要求‘教师下水’。”所以教师要想在学生心中有良好的形象，不但要精通本学科知识，还要博览群书知识渊博。这样在授课时就会将各个领域的知识巧妙的渗透给学生，使学生在本学科知识的基础上学到更深、更广的知识，拓宽学生的视野、陶冶学生的情操。也有人说老师是万金油，什么都得会一点，学生在教师潜移默化的影响中慢慢的成长。

我深知，教师的知识底蕴是教学之本，丰富的专业知识是教师立足课堂的基础。深厚的学科专业功底犹如泉水源源不断，始终滋润着我们的教学生命。因此，在专精专业的同时，又兼具其他学科的普通知识，扩大视野、完善知识结构，争取做到学识加魅力。

四、教学魅力的实质——娴熟

(一)娴熟和蔼的教态

教师在教学中，以富有表现力的面部表情和肢体语言，给学生深刻感染，能唤起学生与教师的共鸣，激起学生的认知活动。而这是一种从不娇柔造作的表情，如果不是一种娴熟的习惯，装是难以持久的。每次上课我都会把发自内心的微笑带进课堂，用亲切和蔼的目光覆盖着全体学生，自始至终地表现出对学生信任和激励的神态。在给每个同学批改作业时、写评语时，总是给以肯定和欣赏，如有不足，常用“如果？那你一定能?”“再努力一点，一定还会更好”“老师感到很满意”等赞美语言，使学生受到鼓舞，学有、信心。即使平时有学生犯错误也不漠视，更不能严加体罚，耳边总是会想起，如果是我的孩子，该怎么办？这种和蔼的教态，拉近了师生间的心理距离，极大调动了学生参与学习的积极性和对老师的信任，从而使学生产生“爱屋及乌”的效应，自然地“亲其师而信其道”。

（二）娴熟的多媒体教学

在教学实践中，潜心钻研，广收材料，整合教材为了能达到更好的、不同寻常的教学效果，经常采用多媒体进行教学。

（三）激情的讲授

一个带着积极情感上课的老师，应该比那些缺乏感情或乐趣的老师让学生学得更加轻松，更加迅速。英国教育学家罗素说过：“教学语言应当是引火线、冲击波、兴奋剂、催化剂，要有撩人心智、激人思维的功效。”也就是说，教学语言不仅应做到促使师生情感上产生共鸣，而且应富有激情，给学生以力量、信心和克服困难的勇气。

为了体现激情讲授，首先对所讲内容认真备课，有非常透彻的理解，博览群书，广集信息，触类旁通。其次，认真上课，基本脱稿讲授，书本上哪页哪行有什么重点都熟记于心，做到绘声绘色，从容自如，生动有趣。再次，每当学习英语歌曲或班上举办文艺活动时，我都会声情并茂，引吭高歌，学生也受到感染，课堂效果很好。

特别值得注意的是，关注学生的学习动态，适时进行课堂调控，做到收放自如。我经常会听到学生说，太好了，这节又是方老师的外语课。

（四）娴熟、规范的板书

即黑板上的书法，具有极其重要的作用。它不仅是传授知识的载体，而且能培养学生对文字的审美情趣。虽然现在电子教学已进入课堂，但良好的板书会给学生带来接受知识的愉悦和审美的享受。我虽然是英语教师，但我依然注重汉字的书写，这是电子教学无法比拟和替代的。作为教师，板书设计是教师的"脸面"，折射出一名教师的教学态度和敬业精神，是反映教师的精神风貌和教学智慧的窗口。规范的板书，会对学生产生良好的示范作用，从而使板书成为"无声的教育工具"，成为教书育人的重要途径。

五、有效备课方式推荐

（一）关于"入格"型号教师的描述及分析

这是个年轻而充满活力的群体。他们刚踏上教育教学岗位，对工作充满着热情却欠缺经验。他们往往毕业于师范院校，对教育理论熟悉而缺乏实践，对现代教育技术往往能够熟练地运用。

（二）备课方式推荐。

即倡导"手写式"备课方式。这种备课方式有利于练字。作为教师，粉笔字是基本功，而"入格"型的教师却往往欠缺这方面的训练。写教案也是练习自身基本功的大好时机。

手写教案使教师有更多的时间思考。不可否认，对于许多年轻教师来说，手写案比打印案"写字"的速度慢些，但慢有慢的好处，在较长的备课时间里，年轻的教师们有更多的时间思考、调整教法，使备课更精。

有利于原创。年轻教师刚刚踏上教学岗位，备课时深钻教材、多思考教法对自身的成长发展是很有好处的。但处于网络时代的他们,也许不自觉地在上网查资料时就有了下载教案、走捷径的行为,这是年轻教师的大忌。直接进行教案的下载,与自己备好课后再参照优秀教案进行调整效果是截然不同的。

第七章　教育工作的点滴

教育工作是一门艺术，教师如果没有掌握这门艺术，就没有资格跨进这座艺术殿堂门槛。教育工作是项系统工程，教师是塑造和修饰学生心灵的工程师。在具体“施工”中，教师要把系统的教育工程划分成一个个子系统，使之成为日常性的育人工作。这就犹如涓涓溪流汇成大海，棵棵树木连成密林，育人的长期功效是在点滴的培养中完成的。因此，教育工作要从大处着眼，小处着手，这个“小”就是育人的点滴艺术，教育工作者要研究教育的“一招一式”，使之迸发出教育思想的火花，产生育人的艺术魅力。

第一节　寓教于诗，巧用数字

一、寓教于诗

诗，是思想的结晶，情感的果实

诗本是文人墨客的密友，骚人学子的情侣，但如果精心选用，诗也可以成为教育之工具。在教育工作中,如果结合学生的思想实际,选一些短小精悍、寓意深刻的诗歌短句,是可以取得良好的教育效果的,有时甚至会超过苦口婆心的说教,达到金石为开的效果。伟大的人民教育家陶行知先生,就是善用诗教的楷模。为了对学生进行爱国主义教育,使他们能为国家多做一分事业,多尽一分责任,陶先生写了一首《中国人》的诗赠给学生:我是中国人/我爱中华国/中国现在不得了/将来一定了不得。这首诗适合朗读,易于理解,学生读来自会产生民族的责任感、义务感与自豪感,可谓诗教的成功一例。陶行知还以和学生通信的形式,进行诗教,他曾把一首《自勉并勉同志》的诗抄给一位学生:人生天地间/各自有秉赋/蹉跎悔歧路/为一大事来/做一大事去/多少白发翁/寄语少年人/莫将少年误。希望他奋发上进、惜时努力。陶行知的诗教,充分体现了寓教于诗的机智。如对因一件小事闹翻而骂人的学生,陶先生即兴而成一首诗《骂人》朗诵给学生:你骂我/我骂你/骂来骂去/只是借人的嘴巴骂自己。受诗教熏陶的学生也不示弱,立刻有一位聪明大胆的学生大声说:"我来和一首《打人》诗:你打我/我打你/打来打去/只是借人之手打自己。"这可谓教育史上寓教于诗的精彩一幕。

人常说,赠人良言似黄金。教师应该向陶行知先生学习,争取掌握寓教于诗的艺术。只要认真钻研,是可以用好这一方法的。比如,清代诗人王国维曾写过一首词,教师可以稍加分解,用于指导学生立志成才。该文曰:"古今成大事者,必要经过三种境界。'昨夜西风凋碧树,独上高楼,望尽天涯路'此第一境界也;'衣带渐宽终不悔,为伊消得人憔粹'此第二境界也;'梦里寻他千百度,蓦然回首,那人却在灯火阑珊处’此第三境界也。”再如，指导学生全面看问题，可向学生赠送苏轼的哲理诗：“横看成岭侧成峰，远近高低各不同。不识庐山真面目，只缘身在此山中。”又如，对青春期情感萌动的中学生，可选用冰心的现代诗，教给学生理智地对待生活：“嫩嫩的芽儿/和青年说/发展你自己/淡淡的花儿/和青年说/贡献你自己/深红的果儿/和青年说/牺牲你自己/青年人啊/为着后来的回忆/心着意地描绘你现在的图画。寓教于诗，中外诗词可选材料是很丰富的，加上教师还可以自编自创，是可以生动感人地用于教育工作中的。对中学生来说，他们可以从诗的欣赏中受到启发，明辨事理，感悟人生，受到教育。寓教于诗，可以使师生之间达到思想交流，产生感情共鸣，既能和学生推心置腹，又不失文雅含蓄，它符合中学生的年龄和文化特点，易于被他们接受，这不失为一种很好的教育形式。

二、用数字启发诱导

数，本是数学家们研究应用最多的。但如果利用数的各种组合，应用在教育中，艺术化地加以设计，同样也可以起到从思想上教育人的作用的。

1985 年，美国科学技术教育理事会提出了一项计划，该计划用了四个数字命名：“2061”计划。这四个数字包含着深刻的教育内容，它们表达的是一个提高美国人的科学素养，要从幼儿园抓起的教育改革计划。由美国科促会承担的科学技术普及教育工作，从哈雷慧星飞越地球的 1985 年开始实施，到 2061 年为止。2061 是哈雷慧星再度回归地球的年份，其间隔为 76 年，这又正是美国人的平均寿命，“2061”计划由此得名。美国的科学家与教育家以这一代人为时间界限，响亮地提出了“让所有美国人都具有科学素养”的口号。

这项计划将涉及全美 50 个州所有的 8000 所学校，共 5000 万学生——这是整整一代美国人。美国人并不是在玩数字游戏，但是却用这巧合的数字提醒人们要重视科技教育工作。美国的科技并不落后，从 1901 年到 1986 年，诺贝尔奖授予物理学、化学、生物学和医学奖等 378 项，美国就获得 143 项。当今世界每年发表的所有科学技术论文中，有 35% 是美国人撰写的。美国科研人员每年获得的技术专利项目数等于世界其他国家的总和……就在这种情况下，美国人仍不知足，又提出了具有强国意义的“2061”计划。这四个数字本身就有着神奇的教育功效。

如果教师平时注意搜集、研究一些具有教育信息的数字，是可以增强教育吸引力的。比如，为了增强学生的学习责任感，可举出这样的对比数字：广州市的 4000 与 500 000。其含义是，1988 年，广州市对所有中学进行统计，一年中流失初中生 4071 个，而与此相反的是广州青年读书热经久不衰，50 万自学大军形成了该市继上、下班后的第三次交通高峰。用这数字说明的事实，可以提醒在校中学生，不能重复这种学习的“围城”现象。

再比如，教育学生要勤奋学习，可以列举人脑的接受能力的数字：人脑重 3 公斤，却能贮存 5 亿本书的知识，人类现在只用了大脑的十亿分之一，人的记忆力是惊人的。学习 1/3 靠智力，2/3 要靠非智力因素的作用。日本学生每天读书都是很刻苦的，小学生要 7 小时19分钟，中学生要9小时8分钟，正是有了这下一代的刻苦学习，才保持着日本经济强国的地位。用这些数字，就可以启发学生要充分发挥大脑的作用，勤奋读书，为加速我国的现代化建设，立志成才，决不荒废学业，虚度时光。

凡此种种，数字的神奇教育作用是无穷的。教师只要多加注意，不断收集，就可以积累起丰富的育人益智教育材料。

第二节 节日、纪念日、主题日与教育活动

每年，人们都要度过喜庆的节日和庄重的纪念日。这些节日、纪念日是对青少年进行教育的好机会。近些年，一些国际组织在世界范围内又不断提出一些需要引起全地球人注意的问题，谓之主题日，如世界人口日、世界环境日、世界红十字日，等等。国外一些有意义的活动日也不断被介绍到国内。这为学校教育又提供了更多的教育题材。教师应该精心选用，发挥节日、纪念日、主题日的教育作用。

一、重视节日利用假日

教师要认真组织学生参加我国每年的节日、纪念日活动。组织这些活动要结合学生的特点，要设计一个有教育性的主题活动。如利用“五一劳动节”开展热爱劳动，尊重劳动人民、立志做一个合格的社会主义劳动者的教育。可鼓励中学生在节日里给爸爸、妈妈写一

封慰问信，承担家务劳动，使父母得到休息，过一个愉快的五一节。再如，利用国庆节的机会，组织学生参观革命史、建设史展览，开展爱国主义的征文活动，举行庄严的升旗仪式和进行国旗下的演讲比赛等等。我国的节日、纪念日大多有较强的政治性，教师可利用这一有利条件，对中学生进行思想政治教育。

二、把握节日特点有的放矢

教师要善于利用一些国际组织提出的一些主题日，结合教育、教学工作，开展宣传教育。如利用每年7月11日的“世界人口日”对学生进行我国的计划生育国策教育，利用每年6月5日的“世界环境日”进行环境保护意识的培养，利用每年6月23日的“国际奥林匹克日”开展群众性的体育锻炼活动，利用每年5月8日“世界红十字日”进行卫生保健教育等等。由于这些主题日大多是人类都要引起重视的问题，所以，进行这方面的教育有利于培养学生国际性的义务感与责任感。

教师还可以借鉴一些国家的节日、纪念日的教育内容，并结合学生的特点，创造一些主题活动日。如日本，每年1月15日要为年满20岁的青年庆祝“成人节”，全国所有市、町、村要为跨入成人行列的青年举办“成人式”，祝贺他们长大成人；再如美国，在每年的11月21日，要开展“世界你好日”活动，活动要求在这一天要向10个人（朋友、同事、熟悉的、陌生的、国内的、海外的都行）说一声“你好”，道一声祝贺，或写一封慰问信。借鉴这些形式新颖、有教育性的活动日，可以开拓教育思路，丰富教育内容。当然，这种借鉴应是有选择的。像“愚人节”、“情人节”就不宜向中学生推广。

利用节日、纪念日、主题日开展教育活动，可以产生比较理想的教育效果。这些活动本身有着特定的含义，是一份不可多得的好教材，加之学生具有爱过节的兴趣，这些健康有益的活动日，又是连接各方面教育影响的桥梁，因此，是有着其他活动所不能比拟和取代的优越性的。

第三节　“反马太效应”的作用

在教育工作中，常遇到这样的学生，对老师感情冷漠，甚至带有某种敌意，总把教师的话往坏处想。这种不融洽的师生关系会影响到教师发挥教育主导作用，也会使受教育者的进步受到影响。处理这类问题，矛盾的主要方面在教师，虽然造成这类问题的原因是复杂的。如果教师能坚持对学生给以爱的关怀，并采用一些合适的教育方法，是可以解除这些学生的感情“冰块”的。“反马太效应”的教育方法，就是一种比较好的感化形式。

一、反马太效应

“反马太效应’是相对“马太效应”而提出的。“马太效应”是科学家罗伯特·默顿提出的。在“马太福音”第二十五章，有这样两句话："凡有的，还要加给他，叫他多余。没有的，连他所有的，也要夺过来。"教育也往往存在这个问题，表现在有问题的学生常常得不到应有的帮助，而好学生则倍受关注，有更多的机会做事情，受表扬。难怪美国心理学家托马斯·哈里森说："学校是个使富者更富，穷者更穷的地方。""反马太效应"就是要让学生得到他成长进步所缺少的，给他们以克服某个问题的条件，创造取得成功的机会。"反马太效应"在调节师生关系上，也有其独特作用。因为在师生互动关系中，教师积极主动的关心愈多，学生对教师的好感愈强烈，师生间的相融性也愈强。

二、运用反马太效应

运用"反马太效应"解决学生对教师的情感冷漠或敌对问题，可以创造各种各样的具体方法。比如，可以用委托责任的方法教育感化学生。马卡连柯就曾成功地运用过这种方法，他面对心存敌意而不信任的学生谢苗，让他两次只身一人身带武器去取教育院所需的2500卢布。这教师委托的责任包含着100%的信任，使谢苗大受震动，第一次感到了自己的尊严和自我价值。他改变了对教师的态度，也从此改掉了自己的恶习。教师如果恰当地交给学生一些事情干，使其感受到教师的信任、关心，体会到成功的快乐，是会产生良好的教育效果的。

再比如，利用师生交往中的多重中间传导关系，进行巧妙安排，有意让有问题的学生听到教师的间接评价，也可以改变学生对教师的态度。师生交往关系是具有多重性的，有直接的传导关系，也有间接的传导关系，后者往往又有再传导的可能。这种间接传导——多是学生间的传话，它有积极和消极两个方面。积极的方面是学生间的话更易让人相信，朋友间的转告更能温暖人心，教师如果正确地运用这种传导关系，把对某个学生的肯定评价性通过中间传导间接传到被评价者耳中，是有利于缓和师生间已造成的紧张和敌视心理的。当然，中间传导也有消极的一面，如易发生添油加醋，传话走样的问题，对此，教师要引起注意，尽力避免。

总之，根据“反马太效应”的思想，采用委托责任，中间传导的方法，处理师生情感关系，要因人因时因境巧妙运用，不可泛用滥用，否则，会适得其反，得不偿失。

第四节　善用幽默育人

在公元前3～4世纪时，古希腊哲学家柏拉图在他的《对话录》中写道：“我们应该避免幽默，因为它仅仅建立在我们因嘲笑他人的痛苦而得来的快乐上。”柏拉图从消极的方面认识幽默，未免过于偏颇。两千多年过去了，今天，人们已能从更多的角度认识幽默了。中外许许多多的哲学家、心理学家、文学家、艺术家、幽默家都研究过幽默，定义过幽默，更有不少教育家们巧用幽默来育人。教师应该掌握运用幽默的艺术，运用幽默所特有的有趣、引人发笑的意味深长，增强教育效果，使学生产生较强的内心体验。

一、幽默是一种智慧

莎士比亚曾说:“幽默和风趣是智慧的闪光。”的确如此,幽默是人类智慧的结晶。它是人们对自身及其所处的世界一种独特的体验与认识。幽默在戏谑中包含有庄严,在愚钝中流露出智慧,它看似平淡,实则不凡,好像庸俗,其实高稚。生活中如果没有幽默,那生活将会黯然失色。教师使用幽默,会增加教育活力;教师启发学生学会幽默,会有益于他们的成长进步。

二、幽默的作用

在教育工作中,运用幽默的教育内容是很广泛的。热情的鼓励可以使用,委婉的劝说可以使用,含蓄的劝告可以使用,善意的批评也可以使用。教育可以使用,教学可以使用;课内外可以使用,家庭教育指导也可以使用。对不努力学习的学生,可讲一段不学无术的幽默故事:一个目不识丁的人,买了一张报纸,做出读报的样子,但他把报纸拿倒了。一个人问:“报上有什么新闻?”那人回答说:“又出事了,你瞧吧,火车轮子朝天——翻车了。”讲完这段幽默进而再告诫他要努力学习,防止在文明社会中犯文盲的错误。对注意力不集中的学生,可讲讲音乐家贝多芬的一则幽默趣闻:有一次,贝多芬走进一家饭馆吃饭,坐在桌边聚精会神地构思他的乐章。当构思好了之后,他把堂倌喊来说:“算账,多少钱?“堂倌笑着说:“先生,您还没吃呢！”教师可以借此展开，指导学生学会集中学习注意力。对缺乏理想追求的学生，教师可抄录一段大哲学家亚里士多德的幽默对话，启发学生：有人问亚里士多德：“你和平庸的人有什么不同的地方？”“他们活着是为了吃饭，而我吃饭是为了活着。”哲学家这样回答。像这样可用于幽默教育的材料是很丰富的。

幽默，是人类智慧宝库中的独秀奇葩，是教育艺术方法的灵活犀利之剑，教师如果能恰到好处地使用幽默，就可以解决一些运用非幽默语言难于解决的问题。幽默可以增强教育效果，起到强化或弱化两方面作用。当然，教师使用幽默，不应是刻薄的讽刺，解气的挖苦，而应是善意的批评或热情的鼓励。

第五节　广集信息，厚积薄发

在学校教育工作中，总会遇到这么一些学生，他们学习兴趣不强，上课兴奋不起来，注意力易转移，只对学习中新奇知识点感兴趣，但教学稍一平淡，他们的热情也就冷淡了。对这样的学生有各种方法来激发他们学习的积极性，如唤起动机的方法，及时提醒的方法，督促检查的方法，开展竞赛的方法，等等。还有一种运用信息论的原理，提高其学习兴趣，使其注意力保持稳定的有效方法，即间断性的强刺激方法。

一、信息与注意力

根据信息对大脑的刺激作用,我们可以把信息分为一般刺激与强刺激两类。人的注意力保持的稳定性如何,与信息传递时一般刺激与强刺激的交互使用有关系。如果总是一般刺激的信息传递,人的注意力就难以保持太长时间,如果总是强刺激,人的大脑易疲劳,注意力也保持不了多久。只有两种刺激交替使用,才能使注意力保持较长的时间。一些电影导演正是运用了这一原理,使剧情每隔几分钟就出现一次高潮,以便吸引住观众。在学校教育工作中,也不妨使用这一方法,使那些易走神的同学保持精神集中,使他们的注意力保持稳定。

二、利用信息

运用间断性的信息刺激方法,要求教师要收集一些与教学内容相关、又有较强刺激作用的信息,恰到好处地用在授课中。如有这样一条信息:在中国人纷纷出国寻求外国居住权——一张绿卡时,很多在中国的“老外”也瞄上了中国的居住权。在北京北池子大街,每到接待日,有一所古色古香的院子熙熙攘攘,热闹非凡。不同肤色的外国人用各自的语言,向中国警官申请中国“绿卡”——《中国人居留证》。而在十二亿人口的拥挤国家里,能获得这样的一张“绿卡”并非易事。把这条信息用于政治授课中,既能吸引学生,又能使人悟到一些有益的东西。

又比如，在讲物理中的电阻知识时，可以运用形象的比喻，把电阻概念教给学生，同时，也向学生介绍一些超导的信息：在摆有许多摊位的隧道里，人流朝一个方向涌去。我们可以把人流比作电阻，隧道比作导线，人好比电子，摊位好比原子核。人流涌动中，不时发生骚动，或是人碰了摊位，或是人与人相撞。这种现象物理称之为“电阻”。人流中，大伙不碰撞多好；有电流时，无电阻多棒。这可能吗？可以。目前科学家们竞相研制的超导技术，追求的就正是这个。像这样带有举一反三，介绍新科技知识的讲授，就会吸引住学生，并具有比较好的启发教育性。

收集富有刺激性的信息，进行必要筛选，用之于教育，是符合青少年求新求异的心理特点的。当然，这种教育方法的使用不能是哗众取宠，也不能是硬贴标签，更不能太荒涎离奇，而要与教育内容有直接或间接的关系。要能对学生的有意注意产生作用，使学生在授课中保持精神更长久地集中，在大脑兴奋灶的不断运动中，学好科学文化知识。

第六节　学生“无情”，教育有情

做了十几年中学班主任工作的王老师，又接了一个新班。不久，王老师就发现，班里有一个爱欺负同学的不良小团伙。

几个十四五岁的男孩子下课聚在一起，专爱拿一些弱小的同学取乐。他们经常截住一个同学,或推搡逗闹,或拳脚相加,被他们欺负的同学往往要掉下眼泪,他们才住手。

班里有一个江生同学,性格内向,老实,就多次受过这个小团伙的欺负,弄得江生同学整天心绪不宁,影响了学习。王老师面对这种现象,很是气愤,但经验告诉他,面对这些缺乏同情心的学生,采用无情的纪律惩罚措施是不能从思想上解决问题的。教师应该另辟教育途径,采用情感教育的方法。

一、以情动情

王老师采用的第一个教育步骤是唤起全班:产生的同情心。他认真调查收集了江生同学的家庭情况,思想学习状况,平时表现。经过准备,王老师在班会上做了一次特殊的发言,题目是**“我相信人人都会动心”**。他从江生同学的家庭开始讲起。

江生同学从小没有父亲,母亲把他带大。他家生活很困难,家也住得比较远,买身运动服要攒几个月的钱。特殊的环境使他从小就很自卑。在集体里经常受欺负更加重了他的抑郁心理。但就在这种情况下,江生同学却对自己要求很严格。他从不迟到。劳动时总是抢脏活、累活干。为灾区捐款,他节省下早点钱,交给了集体。这么一位让人深感关怀鼓励不够的同学,怎么能再挨欺负,在他的伤口上又加把盐呢?王老师动情的话语,打动了全班,也打动了那些爱欺负人的男生。

二、以情制情

王老师采用的第二个步骤是委托责任，变害为利。他宣布，从现在开始，我把关心、爱护江生同学的任务交给全班。王老师指定了主要负责人，就是那小团伙的骨干。

王老师有意在大的范围内布置这件事：再有外班同学欺负他，见义勇为的应该是我们班的同学，首先是主要负责人。我要每天过问这件事，每周总结这件事。如果再发生江生受欺负的问题，班主任要在全班作检查，因为老师没照顾好他。

王教师掷地有声的坚定话语，教育了全班，也给那几个爱欺负人的学生压上了担子，让他们在友爱之情的制约下，发挥出对同学的友情为他们弥补过失创造了条件。

三、因机施教，强化感情

王教师采用的第三个步骤是抓住有利时机，强化教育要求。他利用五四青年节带头捐款，给江生同学买了一件印有“友谊”字样的运动衣。在“世界你好日”（11 月 21 日）那天，他买了糖果给江生。让他请全班吃糖，全班同学共唱“友谊地久天长”。江生同学的发言更打动了全班，他讲了不受欺负以后良好的生活心境，讲了得到同学关心爱护的感激之情。他说：“糖吃在嘴里是甜的，我生活在集体中是幸福的。”江生很动情的发言，打动了每一个学生。

王教师抓住一点，实现了全面突破。班里欺负人的歪风煞住了，同学间的友谊加深了。良好的人际关系为班集体的进步创造了条件。王老师这一例成功的教育证明：对无情的学生，要用有情的教育来感化。

第七节 借少还多，激将进取

中学生的学习，是一项比较艰苦的劳动。处在心理不很稳定年龄阶段的中学生，要维持一个稳定的学习状态，需要多种力量来支持。既有智力方面的，也有非智力方面的。对学习水平不同的学生，又要给以不同的指导，帮助他们及时调整学习情绪，解决学习困难。这就要求教师要学会运用各种学习指导方法，教育学生明确学习目的，端正学习态度，掌握科学的学习方法。为了调动学生学习的积极性，巧妙设置一种教学目标，激励学生去进取，就是一种有效的方法。

一、"借分"调动学生学习热情

教数学的武老师，很注意调动学生学习的主动性，并创造了一些很见教育机智的行之有效的方法。比如，武老师在数学教学中使用的借分还分，设置高度的方法，就运用得比较得当。

有一次测验，一个学生的代数得了 59 分，差 1 分未能及格，当然很遗憾。这个同学找到武老师，好话说尽，请求老师给加 1 分。武老师分析了学生平时的学习情况，考虑到这是一次随机测验，就对他说，给你1分不行，但我可以借你1分，下次考试时，你要还，而且要还10分，行不行？学生高兴地答应了。这以后，他上课很用心，作业按时完成，比过去大有进步。武老师看出，他决心履行自己的诺言。果然，在随后进行的一次考试中，他得了87分。这位同学兴奋地找到武老师，说："老师，我来还分了。"武老师笑着说："扣除10分，你还有76分，比上次进步不小，继续努力呀！"

二、掌握学分在学生心理里价值

考试分数，对于教师和学生来说，都是比较敏感的事情。在一些学校里，往往有教师为学生考试加分或减分弄得很不愉快。

究其原因，就是忽略了考试评分的教育性问题。考试评分，是量化性的评价办法，是教学管理的一个重要环节，对教师的要求是比较高的。教师阅卷评分要公正，讲原则，同时又要充分注意评分的教育意义。

除了特别重要的考试（如升学、升级等）以外，平时的测验应当首先着眼于教育，使评分成为一种教育手段，成为一种启发学生学习主动性的手段。武老师的借一还十的方法，就是成功地运用考试教育性因素的范例。学生从59分到87分，有其自身扎实努力的主因素，同时也有武老师那设置高度，激将法的诱因作用。老师"借"给学生1分，他很感激。"欠"了1分，就有压力，有了责任。学习进步了，还了"欠"的分，有了成功的体验，由此又激发了他的学习积极性。所以武老师这1分"借"得及时,巧妙,有价值,分数在武老师那里变得有了感情,有了更为深刻的意义。

如果教师能像武老师这样,在学习中时时想到调动学生学习的积极性,采用灵活有效的激励方法,那就一定会大大提高学生学习的稳定性。

第八节　送学生一张进步卡

一、巧妙把握教育时机

新年快到了。龙老师准备利用这一有利于教育的机会,开展一项活动。他打算召开一次辞旧迎新班会,自己要准备出个"特别节目"。龙老师想把自己的节目变为帮助同学进步的促进力量,使每个同学都能看了这个节目后,更正确地认识自己,能根据个人的个性特征发展自己,抑短扬长,迈出新步伐。

经过认真思考,龙老师准备了这样一个节目。他精心选购了一些贺年卡,利用几个晚上的时间,在对每个同学进行了认真分析之后,为他们分别写了一段祝词。

二、小处细处的妙处

龙老师写的祝词,力求用词准确,感情挚诚,富有感染力。他既给每个同学提出新的要求，又给他们指出缺点和不足，更提出改进的建议。龙老师把殷切的话语写在制作精美的贺卡上，他要使每张贺卡变成一束鲜花，带去老师对同学们的美好祝愿和期望。他要把贺卡变为进步卡，把新年庆祝会改为进步动员会。

在元旦那天，班里举行了迎新年的班会。同学们欢迎龙老师表演节目，龙老师既没唱歌，也没讲故事，他拿出了早就准备好的贺年卡。龙老师说："出个谜语大家猜，我在贺年卡上写的话，看是给谁写的，猜对了，贺年卡就送给他。"龙老师隐去贺卡的姓名，一张一张地读了起来。

每个同学都聚精会神地听着，在寻找属于他的那束"鲜花"。同学们从老师的贺卡中认识着自己，也认识着大家。在听到精彩处时，大家会不时发出会心的微笑。

比如，对班里的一位女同学，龙老师这样在贺卡上写道：送你格言"社会犹如一条船，每个人都有掌舵的准备"（易卜生）。教师的期望：你曾说："女孩子小学拔尖初中平，到了高中就不行。"并由此提不起精神。我祝愿你振作起精神，请你看看历史上一些不平凡的女子吧，谁说女子不如男。教师的建议：找个男生对手赛一赛，注意开始不要找太强者，赛过几个人之后，你在全班谈谈体会好吗？真希望你成为这样的女生：小学拔尖初中平，高中努力更成功。龙老师的话音未落，就有一个女同学跑上讲台，接过贺卡，当即还向一位男同学发出了挑战。

一张小小的贺年卡，为什么能使同学们激动不已呢？为什么能在一些学生身上产生平时苦口婆心地教育所无法起到的作用呢？其原因就是老师恰当地运用了正面教育激励的艺术,采用了循循善诱,积极引导的方法,它之所以有效,是因为这种教育形式新颖,内容设计合理,选择的教育时机好(在元旦联欢会上,大家心境愉快)。这种形式既符合青少年的身心特点,又贯彻了因人因境施教的原则,因此是一种比较好的教育形式。正是小处细处皆有耐人寻味的妙处。

龙老师创造的这种方法如果变化一下,就可以在许多场合下使用。如在中学生青春来临的主题班会上,以迈好青春第一步的慰问信的形式出现;在期末考试的总结会上,以借成绩提希望,送名言警句的形式出现,等等。点滴的艺术方法在精心的研究创造之中,只要教师善于思考,经常探索,就可以总结出更好的教育方法。

附录一：中小学教师职业道德规范

一、爱国守法。热爱祖国，热爱人民，拥护中国共产党领导，拥护社会主义。全面贯彻国家教育方针，自觉遵守教育法律法规，依法履行教师职责权利。不得有违背党和国家方针政策的言行。

二、爱岗敬业。忠诚于人民教育事业，志存高远，勤恳敬业，甘为人梯，乐于奉献。对工作高度负责，认真备课上课，认真批改作业，认真辅导学生。不得敷衍塞责。

三、关爱学生。关心爱护全体学生，尊重学生人格，平等公正对待学生。对学生严慈相济，做学生良师益友。保护学生安全，关心学生健康，维护学生权益。不讽刺、挖苦、歧视学生，不体罚或变相体罚学生。

四、教书育人。遵循教育规律，实施素质教育。循循善诱，诲人不倦，因材施教。培养学生良好品行，激发学生创新精神，促进学生全面发展。不以分数作为评价学生的唯一标准。

五、为人师表。坚守高尚情操，知荣明耻，严于律己，以身作则。衣着得体，语言规范，举止文明。关心集体，团结协作，尊重同事，尊重家长。作风正派，廉洁奉公。自觉抵制有偿家教，不利用职务之便谋取私利。

六、终身学习。崇尚科学精神，树立终身学习理念，拓宽知识视野，更新知识结构。潜心钻研业务，勇于探索创新，不断提高专业素养和教育教学水平。

学校中的法律关系

一、学校法律关系的基本特征

法律关系是人们在社会生活中，依照法律的规定在相互之间所结成的一定的社会关系。在学校领域内，法律所调整的社会关系是多种多样的，如学校与政府的关系，学校与社会的关系，学校内部管理的权责关系，学校领导与教师、学生的关系等，我们下面分析几对主要的关系。

（一）学校与政府

学校与政府之间的关系主要表现为政府依法对各级各类学校进行行政管理、行政干预和施加行政影响，学校则处于服从的地位，必须履行行政命令所规定的义务。同时，学校可以依法享有独立自主的办学权利并可以对政府行使以建议批评为中心内容的监督权。作为一种行政法律关系，这一关系的主体、权利和义务都是由行政法律规范预先确定的，当事人没有自由选择的余地。政府机关在与学校发生关系时以国家的名义出现并行使广泛的职权，在学校不履行规定的义务时，政府机关可以强制其履行；而如果政府机关不履行职责，学校可以请求其履行或通过向有关国家机关提出申诉或诉讼等方式解决。因此，学校与政府的关系具有不对等性，政府机关作为关系的一方，占据着主导地位，政府机关采取的与学校有关的行政行为，都不可避免地会对学校产生直接的权威性的促进、帮助或限制、制约作用。

（二）学校与社会

作为一种特定的社会组织，学校与社会存在着广泛的联系。学校与企事业单位、集体经济组织、社会团体、个人之间，既存在互相协作、互相支持的关系，又存在复杂的民事所有和流转上的关系。在这些关系中，学校是以独立的民事主体的资格参与其中的。这就在客观上要求法律确认学校相对独立的法律地位，规定学校与企事业单位、集体经济组织、社会团体、公民之间的权利义务关系，保护学校的合法权益，促进教育事业的顺利发展。在现阶段，我国学校与社会各种组织和个人之间的关系的法律调整，突出地反映在财产关系、邻里权关系和合同关系上。

（三）学校与教师

在学校内部，学校与教师之间的关系就其行政性质而言，是一种由权责分配和学校工作的特性所决定的管理关系。在这一关系中，二者所处的地位是不对等的，学校有权组织教育教学工作，监督和评价教师的课堂教学，对教师进行奖励和惩罚，教师在工作中必须服从学校的管理。但是，由于教师是具有较高文化程度和专业技能的社会群体，教学工作在很大程度上依赖于教师个体积极性的发挥，学校应给予教师以较大的自主权，实行教学民主与学术民主，并且根据学校民主管理的原则，让教师通过一定的形式行使民主权利，参与学校管理。

（四）学校与学生

学校与学生的关系，既是教育与被教育的关系，又是管理与被管理的关系。主要表现为，学校有权要求学生家长按法定的义务就学年限送子女进学校学习，有权要求学生接受为学生健康而采取的各种卫生保健措施，有权对学生进行学籍管理，决定其升级、毕业和升学，有权对学生进行奖励和惩罚等。同时，学校也负有保障学生健康和安全的责任，禁止对学生进行任何体罚和人格侮辱。学生及其家长也有权按照法律规定要求学校提供符合学生健康和发展标准的教育条件，保障学生的身心健康。学生在学校除了享有一个公民应享有的各种个人权利和自由，诸如言论权、出版权、结社权、请求公正处理权、隐私权外，按照有关法律规定还享有选择学校、免费学习、使用教学和物质手段、享受助学金和奖学金、参加学校社团、参与学校管理等特殊权利。在享有权利的同时，学生也应履行一定的义务，遵守学校规章制度，接受学校和教师的教育和管理等。

二、学校的法律地位及其权利与义务

（一）学校的法律地位

作为一种社会组织，学校及其他教育机构与它们所处的内外环境构成了一系列社会关系。这些社会关系尽管错综复杂，但依据其特征可以分为以下两类：一类是以权力服从为基本原则、以领导与被领导的行政管理为主要内容的教育行政关系；另一类是以平等有偿为基本原则、以财产所有和流转为主要内容的教育民事关系。

教育行政关系是国家行政机关在对学校及其他教育机构进行行政管理的过程中发生的关系，是政府与学校之间的纵向关系。这类关系主要受行政法调整。教育民事关系是在不具有行政关系的学校及其他教育机构、行政机关、企业事业单位、社会团体、个人之间发生的社会关系。这类关系涉及财产、人身、土地、学校环境、联合办学、成果转让、校办企业的经营活动中的权益等，主要受民法调整。

因此，学校及其他教育机关在其活动时，根据条件和性质的不同，可以具有两种主体资格。当其参与行政法律关系，取得行政上的权利和承担行政上的义务时，它就是行政法律关系主体；当其参与民事法律关系，取得民事权利和承担民事义务时，它就是民事法律关系的主体。

作为行政法律关系的主体，学校及其他教育机关应由行政法规定它的法律地位。我国宪法和有关法律、行政法规规定了社会组织作为行政法律关系的主体享有的权利和应该承担或履行的义务。一般来说，社会组织的权利有：(1)依法独立自主管理各自内部事务的权利；(2)依法捍卫自己合法权益的权利；(3)依法代表和维护自己所代表的那部分组织成员权益和要求的权利；(4)参与国家管理的权利；(5)依法对行政机关监督或诉讼的权利。在享有以上权利的同时，社会组织还应承担或履行下列义务：(1)接受中国共产党的领导；(2)遵守国家的宪法和法律、法令，执行行政管理法规；(3)接受国家行政机关委托代理执行的义务；(4)承担违法后依法受到处罚的义务，等等。行政法律关系的主要特征是单方面性，因此，学校及其他教育机构在同国家行政机关发生行政法律关系时，其地位是不对等的。只要是国家行政机关依法下达的行政措施，学校及其他教育机构应遵照执行，而不得各行其是。如果学校及其他教育机构认为某项行政措施有违背法律法规的地方，可以通过一定渠道向上申诉或依法提出行政诉讼。但在没有做出否决之前，仍然要遵照执行。教育法关于学校及其他教育机构的所有规定，无论是机构设置程序的规定，权利与义务的设定，还是运行和管理的规定，均体现了上述基本特点。

作为民事法律关系的主体，《中华人民共和国教育法》（以下简称《教育法》）第39条规定："学校及其他教育机构具备法人条件的，自批准设立或者登记注册之日起取得法人资格。"学校及其他教育机构具有法人资格，这意味着其在民事活动中依法享有民事权利，承担民事责任。学校及其他教育机构作为独立法人身份在民事活动中享有哪些民事权利和应承担哪些民事责任，应当依照《民法通则》以及其他有关法律和法规的规定来确定。一般来说，这种民事权利主要有财产权（包括财产的占有权、使用权、收益权和处分权），债权，知识产权以及名称权，名誉权等。在享有民事权利的同时，学校及其他教育机构也要以独立法人身份依法承担一切因自己的民事行为引起的民事责任，主要包括违反合同的民事责任、侵犯其他社会组织和公民个人合法权利的民事责任等。这里需要指出的是，因为并不是所有的教育机构都具备法人条件、取得法人资格，所以不具备法人资格的学校及其他教育机构享有的民事权利比较有限，除享有名称权、名誉权、荣誉权外，在财产权方面只对举办者交由其管理的财产享有使用权和管理权，不享有其他财产权，不能对外签订合同，不享有债权，也不能以自己的名义接受捐赠。同时，这类机构对外也不能独立承担民事责任。总之，不具有法人资格的学校及其他教育机构，由于缺乏独立的财产权利做基础，从事民事活动的范围是十分有限的。

（二）学校的权利与义务

作为一种社会组织，学校及其他教育机构在不同的法律关系领域中，其所具有的资格与能力是不同的，因而其所享有的权利也是不同的。教育法规定的学校及其他教育机构的权利不同于民法上的或行政法上的权利，它是学校及其他教育机构在法律上享有的、为实现其办学宗旨、独立自主地进行教育教学管理、实施教育活动的资格和能力，一般称为办学自主权。根据《教育法》的规定，我国学校及其他教育机构享有的办学自主权主要包括以下几个方面。

(1)按照章程自主管理；

(2)组织实施教育教学活动；

(3)招收学生或者其他受教育者；

(4)对受教育者进行学籍管理，实施奖励或处分；

(5)对受教育者颁发相应的学业证书；

(6)聘任教师及其他职工，实施奖励或者处分；

(7)管理、使用本单位的设施和经费；

(8)拒绝任何组织和个人对教育教学活动的非法干涉；

(9)法律、法规规定的其他权利。

享有权利，就要承担义务，《教育法》第 29 条具体规定了学校及其他教育机构应履行的义务。这六个方面的义务，是与办学自主权相对的，学校在贯彻办学宗旨、进行内部管理和组织教育活动中必须履行的义务，而不是作为社会组织的学校的全部义务。这些义务包括以下内容。

(1)遵守法律、法规；

(2)贯彻国家的教育方针，执行国家教育教学标准，保证教育教学质量；

(3)维护受教育者、教师及其他职工的合法权益；

(4)以适当方式为受教育者及其监护人了解受教育者的学业成绩及其他有关情况提供便利；

(5)遵照国家有关规定收取费用并公开收费项目；

(6)依法接受监督。

三、教师的法律地位及其权利与义务

(一)教师的法律地位

教师的法律地位是法律所确认的教师的社会地位。我国教师的法律地位，根据《中华人民共和国教师法》(以下简称《教师法》)第3条规定，"是履行教育教学职责的专业人员""承担教书育人，培养社会主义事业建设者和接班人、提高民族素质的使命"。这一规定首次从法律上确认了教师职业的专业性，这与1966年联合国教科文组织通过的《关于教师的建议》中关于教师职业的定位是一致的，该建议提出，"教师的工作应被视为专业性职业"。应该说，我国《教师法》中关于教师社会地位的规定是符合世界发展趋势的。

(二)教师的权利义务

我国教师的权利与义务在《教师法》第二章中做了明确规定，是教师作为一名专业人员所享有的职业上的权利和应履行的职业上的义务，而并非是教师的所有权利与义务。

我国教师依法享有的权利如下。

(1)进行教育教学活动，开展教育教学改革实验；

(2)从事科学研究、学术交流，参加专业的学术团体，在学术活动中充分发表意见；

(3)指导学生的学习和发展，评定学生的品行和学业成绩；

(4)按时获取工资报酬，享受国家规定的福利待遇以及寒暑假期的带薪休假；

(5)对学校教育教学、管理工作和教育行政部门的工作提出意见和建议，通过教职工代表大会和其他形式，参与学校的民主管理；

（6）参加进修或者其他方式的培训。

我国教师必须承担的义务如下。

（1）遵守宪法、法律和职业道德，为人师表；

（2）贯彻国家的教育方针，遵守规章制度，执行学校的教学计划，履行教师聘约，完成教育教学工作任务；

（3）对学生进行宪法所确定的基本原则的教育，爱国主义和民族团结的教育，法制教育以及思想品德、文化和科学技术教育，组织、带领学生参加有益的社会活动；

（4）爱护关心全体学生，尊重学生人格，促进学生的品德、智力、体质等方面全面发展；

（5）制止有害于学生的行为或者其他侵犯学生合法权益的行为，批评和抵制有害于学生成长的现象；

（6）不断提高思想政治觉悟和教育教学业务水平。

四、学生的法律地位及其权利与义务

（一）学生的法律地位

学生的法律地位因其不同的身份而具有不同的内容和特点。首先，作为社会中的一名成员，学生的身份是一名国家公民，其地位由我国《宪法》《民法》及其他一系列法律、法规所确认。其次，作为学校这一特定环境中的一员，学生具有不同于一般国家公民的地位，其地位由我国《教育法》《义务教育法》及其他有关教育的法律、法规所确认，这种地位体现了学生作为“受教育者”这一角色的本质特征。再次，对于小学生而言，因其属于未成年人，因而还具有不同于已满18周岁的学生的法律地位，他们的这一地位已由我国《未成年人保护法》和《预防未成年人犯罪法》等法律、法规或相关的条款所确认。因而我们必须从不同的方面来看待学生的法律地位。

（二）学生的权利与义务

通过上面对学生法律地位的分析我们不难看出，学生的权利与义务也是与其特定的身份和地位相对应的。一般来说，我们教育法讲学生的权利与义务；主要是从学生作为学校中的受教育者这一特定身份出发的，但除了这些权利以外，学生在学校内还享有一名公民或未成年人应享有的权利，如人身权、财产权、通信自由与通信秘密权等权利。

学生作为受教育者在《教育法》上享有的权利如下。

（1）参加教育教学计划安排的各种活动，使用教育教学设施、设备、图书资料；

（2）按照国家有关规定获得奖学金、贷学金、助学金；

（3）在学业成绩和品行上获得公正评价，完成规定的学业后获得相应的学业证书、学位证书；

（4）对学校给予的处分不服向有关部门提出申诉，对学校、教师侵犯其人身权、财产权等合法权益，提出申诉或者依法提起诉讼；

（5）法律、法规规定的其他权利。

同时，根据《教育法》第43条，学生应当履行下列义务。

（1）遵守法律、法规；

（2）遵守学生行为规范，尊敬师长，养成良好的思想品德和行为习惯；

（3）努力学习，完成规定的学习任务；

（4）遵守所在学校或者其他教育机构的管理制度。

附录二：解读《中小学教师职业道德规范》

师德规范修改(出台)背景

新《规范》(2008 年教育部颁发的《中小学教师职业道德规范》是在我国社会经济和教育发展进入新的历史阶段这样的重要背景下修订的。在 2002 年召开的党的十六大报告中提到了要“发挥我国巨大的人力资源优势”,2007 年召开的党的十七大报告明确提出要“建设人力资源强国”这样一个奋斗目标,这是了不起的一个决策。从这个目标出发认识教育,教育的作用就更突出了。而且,十七大报告把教育放在了“加快推进以改善民生为重点的社会建设”这一章中,显示党中央已经把教育作为民生议题来看待。

当前,在教育事业飞速发展的基础上,人民群众不仅要求“有学上、有书读”,而且进一步要求“上好学、读好书”。因此,教育质量的提高是学校的当务之急。而提高教育质量,关键在于我们教师。

没有高水平的教师队伍,就没有高质量的教育。“十七大”强调要建设人力资源强国,实施素质教育,提高教育质量和水平,教师队伍的师德和业务素质尤其重要。

“百年大计，教育为本；教育大计，教师为本；教师大计，师德为先”。所以教师的师德是教师最重要的素质，师德水平也是人民群众对教育工作满意不满意的一个重要标尺，更是教育改革发展的内在需要。

2004 年中央 8 号文件第三条指出：全社会关心和支持未成年人思想道德建设的风气尚未全面形成，还存在种种不利于未成年人健康成长的社会环境和消极因素……

教师职业道德建设有待进一步加强；第十条中明确规定：要“切实加强教师职业道德建设”。

2007 年胡锦涛总书记“8.31”讲话中，对广大中小学教师提出：“一个精神，四点希望”。

一个精神：就是“教师应该体现胸怀祖国，热爱人民，学为人师，行为示范，默默耕耘，无私奉献的精神”；四点希望：就是要求教师“爱岗敬业、关爱学生；刻苦钻研、严谨笃学；勇于创新、奋发进取；淡泊名利、志存高远。甘为人梯、乐于奉献，静下心来教书，潜下心来育人。

文件及讲话精神在一定程度上催生《规范》适应新形势进行修订。

改革开放以来，我国于 1985、1991、1997 年先后三次颁布和修改了《中小学教师职业道德规范》，对教师职业道德的发展起了积极的推动作用，最后一次颁布和修改《教师职业道德规范》距 2008 年相距 11 年，原《规范》条款中许多内容不能满足新时代要求，许多内容需要不断完善。

少数教师师德缺失与滑坡，引起了人民群众强烈不满，引起了党中央和国务院高度重视。

新《规范》体现的基本原则

一是坚持“以人为本”。

新《规范》一共六条，不仅是在原有的版本基础上的深化和升华，而且提出了更高的目标和要求，充分彰显了以人为本的思想，充分体现“教育以育人为本，以学生为主体”、“办学以人才为本，以教师为主体”的理念。如“爱国守法”强调了教师要爱祖国和人民；“爱岗敬业”要求教师“忠诚于人民教育事业”；“关爱学生”强调“对学生严慈相济，做学生的良师益友；“保护学生安全”更是注重以人为本的教育理念；“教书育人”进一步明确了教育要以学生的发展为中心；“为人师表”同样赋予了“以人为本”的时代含义，不仅与胡锦涛总书记的“八荣八耻”紧密相连，而且对教师的衣着和言行举止、协作精神、廉洁奉公、不谋私利等方面要求具体细致，还增加了对待家长态度方面的要求；“终身学习”更是人本思想的全面要求。

二是继承与创新相结合。

新《规范》在认真总结了原《规范》的基本经验基础上，汲取了原《规范》中反映教师职业道德本质的基本要求，如继承了师德规范主旨“爱”和“责任”，又充分考虑经济、社会和教育发展对师德提出的新要求，将优秀师德传统与时代要求有机结合。

三是广泛性与先进性相结合。

《规范》修订从教师队伍现状和实际出发，面向全体教师，对教师职业道德提出了基本要求，使之成为每位教师自觉遵守的行为准则。如在师德规范修改征求意见过程中，新修订的《规范》中有"十五处"广大教师意见被采纳，从而使《规范》更加具体，更加实际，更有利于全面贯彻落实。同时，在新《规范》中还提出了体现时代精神的新的倡导性要求。如在新《规范》中首次加入"保护学生安全"、"教书育人"、"关心学生健康"、"激发学生创新精神"、"终身学习"等等，这些都是结合时代要求，与时俱进提出的新要求。

四是倡导性要求与禁行性规定相结合。

本次修订实施的新《规范》是从教师职业道德的阶段性特征出发，针对当前师德建设中的共性问题和突出问题，在广泛征求意见的基础上，既作出了倡导性的要求，也作出了若干禁行性规定。

例如，倡导性的要求有：第一条"爱国守法"中，倡导"热爱祖国"、"热爱人民"；第二条"爱岗敬业"中，倡导教师"志存高远，勤恳敬业，甘为人梯，乐于奉献"。乐于奉献的精神特别需要提倡。陶行知先生曾说："在教师手里操着幼年人的命运，便是操着民族和人类的命运。"只有当教师把教育作为一项事业、作为自己的人生追求时，才可能默默奉献、甘为人梯，这是教育工作的核心价值所在。第三条"关爱学生"中倡导"做学生的良师益友"。第四条"教书育人"中倡导"遵循教育规律，实施素质教育"。第五条"为人师表"中倡导"作风正派，廉洁奉公"。第六条"终身学习"中倡导"崇尚科学精神，树立终身学习理念"等。禁止性的规定有：第一条"爱国守法"中"不得有违背党和国家方针政策的言行”；第二条“爱岗敬业”中“不得敷衍塞责”；第三条“关爱学生”中“不讽刺、挖苦、歧视学生，不体罚或变相体罚学生”；第四条“教书育人”中规定“不以分数作为评价学生的唯一标准”；第五条“为人师表”中规定“不利用职务之便谋取私利”。

五是他律与自律相结合。

教师职业道德建设重“他律”、贵“自律”。如第一条中倡导“自觉遵守教育法律法规”、第二条中倡导“乐于奉献”、第五条中倡导“自觉抵制有偿家教”。新《规范》在注重“他律”的同时，强调“自律”，倡导广大教师自觉践行师德规范，把规范要求内化为自觉行为。从“他律”走向“自律”是师德建设的最终目的。

新《规范》的突出特点

1. **突出了重要性**。“教书育人”，是旧规范第二条内的一句话，在新规范中升格为第四条的条目。这是非常必要的。因为，“教书育人”是教师的第一要务，是教师职业区别于其他任何职业的根本所在（如同“治病救人”最准确地描述了医生的职业特征）。

2. **体现了时代性**。新《规范》新增了“志存高远”“素质教育”“知荣明耻”“终身学习”“探索创新”等词，这是21世纪对教师的时代要求，这也是与时俱进在新规范中的具体体现。

3. **提高了针对性**。应该说旧规范有“热爱学生”这一条，“保护学生安全”本是题中之意。这说明旧规范存在意思不明确、针对性不强的漏洞。新《规范》增加“保护学生安全”的内容，很有必要。类似意义上的增加，还有“自觉抵制有偿家教”等。

4. **增强了概括性**。把旧规范中分散在五、六、七、八等四条内的主要内容，精简压缩到新《规范》第五条“为人师表”之内，也比较好。再就是删除了明显重复的词，如旧规范中的“以身作则，注重身教”，两词意思很近，新规范删去了“注重身教”。另将“探索教育教学规律”改为“遵循教育规律”，也稳妥一些。

5. **注重了操作性**。新《规范》不仅是增加一条“终身学习”，而且每一条都具体化了。比如，在“爱国守法”中，增加了“不得有违背和国家方针政策的言行”；在“爱岗敬业”一条中，又具体化为“三认真一不得”，即认真备课上课，认真批改作业，认真辅导学生。不得敷衍塞责。在“关爱学生”一条中，使用了多个四字词组，如，“关心爱护、平等公正、严慈相济、良师益友、歧视学生、变相体罚、保护安全、关心健康”等，通过这些词语，细化了关爱学生的具体做法。在“教书育人”一条中，增加了“不以分数作为评价学生的惟一标准”等词句。在“为人师表”一条中增加了“自觉抵制有偿家教，不利用职务之便谋取私利”。同时，还将“热爱学生”中的“热爱”改为“关爱”一词，将“无私奉献”改为“乐于奉献”等，更具有操作性。

新《规范》的核心内容

新《规范》共六条，体现了教师职业特点对师德的本质要求和时代特征，“爱”与“责任”是贯穿其中的核心和灵魂。

1.“爱国守法”——教师职业的基本要求

热爱祖国是每个公民，也是每个教师的神圣职责和义务。建设社会主义法制国家，是我国现代化建设的重要目标。要实现这一目标，需要每个社会成员知法守法，用法律来规范自己的行为，不做法律禁止的事情。

2.“爱岗敬业”——教师职业的本质要求

没有责任就办不好教育，没有感情就做不好教育工作。教师应始终牢记自己的神圣职责，志存高远，把个人的成长进步同社会主义伟大事业、同祖国的繁荣富强紧密联系在一起，并在深刻的社会变革和丰富的教育实践中履行自己的光荣职责。

3.“关爱学生”——师德的灵魂

亲其师，信其道。没有爱，就没有教育。教师必须关心爱护全体学生，尊重学生人格，平等公正对待学生。对学生严慈相济，做学生良师益友。保护学生安全，关心学生健康，维护学生权益。

4.“教书育人”——教师的天职

教师必须遵循教育规律，实施素质教育。循循善诱，诲人不倦，因材施教。培养学生良好品行，激发学生创新精神，促进学生全面发展。不以分数作为评价学生的唯一标准。

5.“为人师表”——教师职业的内在要求

教师要坚守高尚情操，知荣明耻，严于律己，以身作则，在各个方面率先垂范，做学生的榜样，以自己的人格魅力和学识魅力教育影响学生。要关心集体，团结协作，尊重同事，尊重家长。作风正派，廉洁奉公。自觉抵制有偿家教，不利用职务之便谋取私利。

6.“终身学习”——教师专业发展不竭的动力

终身学习是时代发展的要求，也是教师职业特点所决定的。教师必须树立终身学习理念，拓宽知识视野，更新知识结构。潜心钻研业务，勇于探索创新，不断提高专业素养和教育教学水平。

五、新旧《规范》的区别

新旧《规范》的区别主要体现在四个方面。

1. 条目数量由 8 条改为 6 条

教育部新修订的《中小学教师职业道德规范》在条目上由之前的8条改为现在的6条，但在具体内容上却得到了充实。比如，在第三条“热爱学生”中，旧条款要求教师对学生严格要求，新条款则修改成“对学生严慈相济，做学生的良师益友。”与此前公布的新规范征求意见稿相比，正式公布的版本基本构架相同，但在一些词语使用方面进行了微调。在征求意见稿中，第二条款为“敬业奉献”，而正式版中，改回到1997年版的“爱岗敬业”。“勤勤恳恳，兢兢业业”也被改为更为简练的“勤恳敬业”。而第三条款将“热爱学生”改为“关爱学生”，一字之差感觉更人性，更具亲情味。第四条款中的“勇于探索创新，不断提高教育教学水平”则被“循循善诱，诲人不倦，因材施教”所取代。

2.“保护学生安全”首次纳入新规

此次修订是根据近年来教育和教师工作的新形势作出的更加科学和有针对性的修订。是根据近年来教育和教师工作出现的新情况、新问题、新特点，在前期充分论证、广泛征求意见、深入研究的基础上进行的。值得一提的是，“保护学生安全”被首次写入了新规范第三条关爱学生中。写入该内容是在明确“保护学生安全”是教师应遵守的职业精神。

3、明确抵制有偿家教现象

有偿家教的恶果很明显：一是导致教师"拜金主义"，二是影响正常教学进行。此次修订的条款更加清晰和简洁，在具体内容上也得到了充实。"自觉抵制有偿家教，不利用职责之便牟取私利"、"不违规加重学生课业负担，不以分数作为评价学生的惟一标准"，也首次明确列入其中。

4、"终身学习"被单独提出

作为一名教师，只具备与教学相关的专业知识已远远不够。现在社会发现这么快，几乎所有人都需要不断学习。更何况是教师这种特殊行业。所以在新规范中，"终身学习"被单独提出。

附录三：新教师法全文

1995年3月18日第八届全国人民代表大会第三次会议通过)

第一章　总　则

第一条　为了发展教育事业，提高全民族的素质，促进社会物质文明和精神文明建设，根据宪法，制定本法。

第二条　在中华人民共和国境内的各级各类教育，适用本法。

第三条　国家坚持以马克思列宁主义、毛泽东思想和建设有中国特色的社会主义理论为指导，遵循宪法确定的基本原则，发展社会主义的教育事业。

第四条　教育是社会主义现代化建设的基础，国家保障教育事业优先发展。全社会应当关心和支持教育事业的发展。全社会应当尊重教师。

第五条　教育必须为社会主义现代化建设服务，必须与生产劳动相结合，培养德、智、体等方面全面发展的社会主义事业的建设者和接班人。

第六条　国家在受教育者中进行爱国主义、集体主义、社会主义的教育，进行理想、道德、纪律、法制、国防和民族团结的教育。

第七条　教育应当继承和弘扬中华民族优秀的历史文化传统,吸收人类文明发展的一切优秀成果。

第八条　教育活动必须符合国家和社会公共利益。国家实行教育与宗教相分离。任何组织和个人不得利用宗教进行妨碍国家教育制度的活动。

第九条　中华人民共和国公民有受教育的权利和义务。公民不分民族、种族、性别、职业、财产状况、宗教信仰等,依法享有平等的受教育机会。

第十条　国家根据各少数民族的特点和需要,帮助各少数民族地区发展教育事业。国家扶持边远贫困地区发展教育事业。国家扶持和发展残疾人教育事业。

第十一条　国家适应社会主义市场经济发展和社会进步的需要,推进教育改革,促进各级各类教育协调发展,建立和完善终身教育体系。国家支持、鼓励和组织教育科学研究,推广教育科学研究成果,促进教育质量提高。

第十二条　汉语言文字为学校及其他教育机构的基本教学语言文字。少数民族学生为主的学校及其他教育机构,可以使用本民族或者当地民族通用的语言文字进行教学。学校及其教育机构进行教学,应当推广使用全国通用的普通话和规范字。

第十三条　国家对发展教育事业做出突出贡献的组织和个人,给予奖励。

第十四条　国务院和地方各级人民政府根据分级管理、分工负责的原则,领导和管理教育工作。中等及中等以下教育在国务院领导下,由地方人民政府管理。高等教育由国务院和省、自治区、直辖市人民政府管理。

第十五条　国务院教育行政部门主管全国教育工作，统筹规划、协调管理全国的教育事业。县级以上地方各级人民政府教育行政部门主管本行政区域内的教育工作。县级以上各级人民政府其他有关部门在各自的职责范围内，负责有关的教育工作。

第十六条　国务院和县级以上地方各级人民政府应当向本级人民代表大会或者其常务委员会报告教育工作和教育经费预算、决算情况，接受监督。

第二章　教育基本制度

第十七条　国家实行学前教育、初等教育、中等教育、高等教育的学校教育制度。国家建立科学的学制系统。学制系统内的学校和其他教育机构的设置、教育形式、修业年限、招生对象、培养目标等，由国务院或者由国务院授权教育行政部门规定。

第十八条　国家实行九年制义务教育制度。各级人民政府采取各种措施保障适龄儿童、少年就学。适龄儿童、少年的父母或者其他监护人以及有关社会组织和个人有义务使适龄儿童、少年接受并完成规定年限的义务教育。

第十九条　国家实行职业教育制度和成人教育制度。各级人民政府、有关行政部门以及企业事业组织应当采取措施，发展并保障公民接受职业学校教育或者各种形式的职业培训。国家鼓励发展多种形式的成人教育，使公民接受适当形式的政治、经济、文化、科学、技术、业务教育和终身教育。

第二十条 国家实行国家教育考试制度。国家教育考试由国务院教育行政部门确定种类，并由国家批准的实施教育考试的机构承办。

第二十一条 国家实行学业证书制度。经国家批准或者认可的学校及其他教育机构按照国家有关规定，颁发学历证书或者其他学业证书。

第二十二条 国家实行学位制度。学位授予单位依法对达到一定学术水平或者专业技术水平的人员授予相应的学位，颁发学位证书。

第二十三条 各级人民政府、基层群众性自治组织和企业事业组织应当采取各种措施，开展扫除文盲的教育工作。按照国家规定具有接受扫除文盲教育能力的公民，应当接受扫除文盲的教育。

第二十四条 国家实行教育督导制度和学校及其他教育机构教育评估制度。

第三章 学校及其他教育机构

第二十五条 国家制定教育发展规划，并举办学校及其他教育机构。国家鼓励企业事业组织、社会团体、其他社会组织及公民个人依法举办学校及其他教育机构。任何组织和个人不得以营利为目的举办学校及其他教育机构。

第二十六条 设立学校及其他教育机构，必须具备下列基本条件：

（一）有组织机构和章程；

（二）有合格的教师；

（三）有符合规定标准的教学场所及设施、设备等；

（四）有必备的办学资金和稳定的经费来源。

第二十七条 学校及其他教育机构的设立、变更和终止，应当按照国家有关规定办理审核、批准、注册或者备案手续。

第二十八条　学校及其他教育机构行使下列权利：

（一）按照章程自主管理；

（二）组织实施教育教学活动；

（三）招收学生或者其他受教育者；

（四）对受教育者进行学籍管理，实施奖励或者处分；

（五）对受教育者颁发相应的学业证书；

（六）聘任教师及其他职工，实施奖励或者处分；

（七）管理、使用本单位的设施和经费；

（八）拒绝任何组织和个人对教育教学活动的非法干涉；

（九）法律、法规规定的其他权利。

第二十九条　学校及其他教育机构应当履行下列义务：

（一）遵守法律、法规；

（二）贯彻国家的教育方针，执行国家教育教学标准，保证教育教学质量；

（三）维护受教育者、教师及其他职工的合法权益；

（四）以适当方式为受教育者及其监护人了解受教育者的学业成绩及其他有关情况提供便利；

（五）遵照国家有关规定收取费用并公开收费项目；

（六）依法接受监督。

第三十条　学校及其他教育机构的举办者按照国家有关规定，确定其所举办的学校或者其他教育机构的管理体制。学校及其他教育机构的校长或者主要行政负责人必须由具有中华人民共和国国籍、在中国境内定居、并具备国家规定任职条件的公民担任，其任免按照国家有关规定办理。学校的教学及其他行政管理，由校长负责。学校及其他教育机构应当按照国家有关规定，通过以教师为主体的教职工代表大会等组织形式，保障教职工参与民主管理和监督。

第三十一条　学校及其他教育机构具备法人条件的，自批准设立或者登记注册之日起取得法人资格。学校及其他教育机构在民事活动中依法享有民事权利，承担民事责任。学校及其他教育机构中的国有资产属于国家所有。学校及其他教育机构兴办的校办产业独立承担民事责任。

第四章　教师和其他教育工作者

第三十二条　教师享有法律规定的权利，履行法律规定的义务，忠诚于人民的教育事业。

第三十三条　国家保护教师的合法权益，改善教师的工作条件和生活条件，提高教师的社会地位。教师的工资报酬、福利待遇，依照法律、法规的规定办理。

第三十四条　国家实行教师资格、职务、聘任制度，通过考核、奖励、培养和培训，提高教师素质，加强教师队伍建设。

第三十五条　学校及其他教育机构中的管理人员，实行教育职员制度。学校及其他教育机构中的教学辅助人员和其他专业技术人员，实行专业技术职务聘任制度。

第五章　受教育者

第三十六条　受教育者在入学、升学、就业等方面依法享有平等权利。学校和有关行政部门应当按照国家有关规定，保证女子在入学、升学、就业、授予学位、派出留学等方面享有同男子平等的权利。

第三十七条　国家、社会对符合入学条件、家庭经济困难的儿童、少年、青年，提供各种形式的资助。

第三十八条　国家、社会、学校及其他教育机构应当根据残疾人身心特性和需要实施教育，并为其提供帮助和便利。

第三十九条　国家、社会、家庭、学校及其他教育机构应当为有犯罪行为的未成年人接受教育创造条件。第四十条从业人员有依法接受职业培训和继续教育的权利和义务。国家机关、企业事业组织和其他社会组织，应当为本单位职工的学习和培训提供条件和便利。

第四十一条　国家鼓励学校及其他教育机构、社会组织采取措施，为公民接受终身教育创造条件。

第四十二条　受教育者享有下列权利：

（一）参加教育教学计划安排的各种活动，使用教育教学设施、设备、图书资料；

（二）按照国家有关规定获得奖学金、贷学金、助学金；

（三）在学业成绩和品行上获得公正评价，完成规定的学业后获得相应的学业证书、学位证书；

（四）对学校给予的处分不服向有关部门提出申诉，对学校、教师侵犯其人身权、财产权等合法权益，提出申诉或者依法提起诉讼；

（五）法律、法规规定的其他权利。

第四十三条　受教育者应当履行下列义务：

（一）遵守法律、法规；

（二）遵守学生行为规范，尊敬师长，养成良好的思想品德和行为

习惯;

(三)努力学习,完成规定的学习任务;

(四)遵守所在学校或者其他教育机构的管理制度。

第四十四条　教育、体育、卫生行政部门和学校及其他教育机构应当完善体育、卫生保健设施,保护学生的身心健康。

第六章　教育与社会

第四十五条　国家机关、军队、企业事业组织、社会团体及其他社会组织和个人,应当依法为儿童、少年、青年学生的身心健康成长创造良好的社会环境。

第四十六条　国家鼓励企业事业组织、社会团体及其他社会组织同高等学校、中等职业学校在教学、科研、技术开发和推广等方面进行多种形式的合作。企业事业组织、社会团体及其他社会组织和个人,可以通过适当形式,支持学校的建设,参与学校管理。

第四十七条　国家机关、军队、企业事业组织及其他社会组织应当为学校组织的学生实习、社会实践活动提供帮助和便利。

第四十八条　学校及其他教育机构在不影响正常教育教学活动的前提下,应当积极参加当地的社会公益活动。

第四十九条　未成年人的父母或者其他监护人应当为其未成年子女或者其他被监护人受教育提供必要条件。未成年人的父母或者其他监护人应当配合学校及其他教育机构,对其未成年子女或者其他被监护人进行教育。学校、教师可以对学生家长提供家庭教育指导。

第五十条　图书馆、博物馆、科技馆、文化馆、美术馆、体育馆(场)等社会公共文化体育设施,以及历史文化古迹和革命纪念馆(地),应当对教师、学生实行优待，为受教育者接受教育提供便利。广播、电视台(站)应当开设教育节目，促进受教育者思想品德、文化和科学技术素质的提高。

第五十一条　国家、社会建立和发展对未成年人进行校外教育的设施。学校及其他教育机构应当同基层群众性自治组织、企业事业组织、社会团体相互配合，加强对未成年人的校外教育工作。

第五十二条　国家鼓励社会团体、社会文化机构及其他社会组织和个人开展有益于受教育者身心健康的社会文化教育活动。

第七章　教育投入与条件保障

第五十三条　国家建立以财政拨款为主、其他多种渠道筹措教育经费为辅的体制，逐步增加对教育的投入，保证国家举办的学校教育经费的稳定来源。企业事业组织、社会团体及其他社会组织和个人依法举办的学校及其他教育机构，办学经费由举办者负责筹措，各级人民政府可以给予适当支持。

第五十四条　国家财政性教育经费支出占国民生产总值的比例应当随着国民经济的发展和财政收入的增长逐步提高。具体比例和实施步骤由国务院规定。全国各级财政支出总额中教育经费所占比例应当随着国民经济的发展逐步提高。

第五十五条　各级人民政府的教育经费支出，按照事权和财权相统一的原则，在财政预算中单独列项。各级人民政府教育财政拨款的增长应当高于财政经常性收入的增长，并使按在校学生人数平均的教育费用逐步增长，保证教师工资和学生人均公用经费逐步增长。

第五十六条　国务院及县级以上地方各级人民政府应当设立教

育专项资金，重点扶持边远贫困地区、少数民族地区实施义务教育。

第五十七条　税务机关依法足额征收教育费附加，由教育行政部门统筹管理，主要用于实施义务教育。省、自治区、直辖市人民政府根据国务院的有关规定，可以决定开征用于教育的地方附加费，专款专用。农村乡统筹中的教育附加，由乡人民政府组织收取，由县级人民政府教育行政部门代为管理或者由乡人民政府管理，用于本乡范围内乡、村两级教育事业。农村教育费附加在乡统筹中所占具体比例和具体管理办法，由省、自治区、直辖十人民政府规定。

第五十八条　国家采取优惠措施，鼓励和扶持学校在不影响正常教育教学的前提下开展勤工俭学和社会服务，兴办校办产业。

第五十九条　经县级人民政府批准，乡、民族乡、镇的人民政府根据自愿、量力的原则，可以在本行政区域内集资办学，用于实施义务教育学校的危房改造和修缮、新建校舍，不得挪作他用。

第六十条　国家鼓励境内、境外社会组织和个人捐资助学。

第六十一条　国家财政性教育经费、社会组织和个人对教育的捐赠，必须用于教育，不得挪用、克扣。

第六十二条　国家鼓励运用金融、信贷手段，支持教育事业的发展。

第六十三条　各级人民政府及其教育行政部门应当加强对学校读其他教育机构教育经费的监督管理，提高教育投资效益。

第六十四条　地方各级人民政府及其有关行政部门必须把学校的基本建设纳入城乡建设规划，统筹安排学校的基本建设用地及所需物资，按照国家有关规定实行优先、优惠政策。

第六十五条　各级人民政府对教科书及教学用图书资料的出版发行，对教学仪器、设备的生产和供应，对用于学校教育教学和科学研究的图书资料、教学仪器、设备的进口，按照国家有关规定实行优先、优惠政策。

第六十六条　县级以上人民政府应当发展卫星电视教育和其他现代化教学手段，有关行政部门应当优先安排，给予扶持。国家鼓励学校及其他教育机构推广运用现代化教学手段。

第八章　教育对外交流与合作

第六十七条　国家鼓励开展教育对外交流与合作。教育对外交流与合作坚持独立自主、平等互利、相互尊重的原则，不得违反中国法律，不得损害国家主权、安全和社会公共利益。

第六十八条　中国境内公民出国留学、研究、进行学术交流或者任教，依照国家有关规定办理。

第六十九条　中国境外个人符合国家规定的条件并办理有关手续后，可以进入中国境内学校及其他教育机构学习、研究、进行学术交流或者任教，其合法权益受国家保护。

第七十条　中国对境外教育机构颁发的学位证书、学历证书及其他学业证书的承认，依照中华人民共和国缔结或者加入的国际条约办理，或者按照国家有关规定办理。

第九章　法律责任

第七十一条　违反国家有关规定，不按照预算核拨教育经费的，由同级人民政府限期核拨；情节严重的，对直接负责的主管人员和其他直接责任人员，依法给予行政处分。违反国家财政制度、财务制度，挪用、克扣教育经费的，由上级机关责令限期归还被挪用、克扣的经费，并对直接负责的主管人员和其他直接责任人员，依法给予行政处分；构成犯罪的，依法追究刑事责任。

第七十二条　结伙斗殴、寻衅滋事，扰乱学校及其他教育机构教育教学秩序或者破坏校舍、场地及其他财产的，由公安机关给予治安管理处罚，构成犯罪的，依法追究刑事责任。侵占学校及其他教育机构的校舍、场地及其他财产的，依法承担民事责任。

第七十三条　明知校舍或者教育教学设施有危险，而不采取措施，造成人员伤亡或者重大财产损失的，对直接负责的主管人员和其他直接责任人员，依法追究刑事责任。

第七十四条　违反国家有关规定，向学校或者其他教育机构收取费用的，由政府责令退还所收费用；对直接负责的主管人员和其他直接责任人员，依法给予行政处分。

第七十五条　违反国家有关规定，举办学校或者其他教育机构的，由教育行政部门予以撤销；有违法所得的，没收违法所得；对直接负责的主管人员和其他直接责任人员，依法给予行政处分。

第七十六条　违反国家有关规定招收学员的，由教育行政部门责令退回招收的学员，退还所收费用；对直接负责的主管人员和其他直接责任人员依法给予行政处分。

第七十七条　在招收学生工作中徇私舞弊的，由教育行政部门责令退回招收的人员；对直接负责的主管人员和其他直接责任人员，依法给予行政处分；构成犯罪的，依法追究刑事责任。

第七十八条　学校及其他教育机构违反国家有关规定向受教育

者收取费用的，由教育行政部门责令退还所收费用；对直接负责的主管人员和其他直接责任人员，依法给予行政处分。

第七十九条　在国家教育考试中作弊的，由教育行政部门宣布考试无效，对直接负责的主管人员和其他直接责任人员，依法给予行政处分。非法举办国家教育考试的，由教育行政部门宣布考试无效；有违法所得的，没收违法所得；对直接负责的主管人员和其他直接责任人员，依法给予行政处分。

第八十条　违反本法规定，颁发学位证书、学历证书或者其他学业证书的，由教育行政部门宣布证书无效，责令收回或者予以没收；有违法所得的，没收违法所得；情节严重的，取消其颁发证书的资格。

第八十一条　违反本法规定，侵犯教师、受教育者、学校或者其他教育机构的合法权益，造成损失、损害的，应当依法承担民事责任。

第十章　附　则

第八十二条　军事学校教育由中央军事委员会根据本法的原则规定。宗教学校教育由国务院另行规定。

第八十三条　境外的组织和个人在中国境内办学和合作办学的办法，由国务院规定。

第八十四条　本法自 1995 年 9 月 1 日起施行。